# 世界500强财务总监成长笔记

刘冬 ◎ 著

化学工业出版社
·北京·

这是一本介绍会计人职业生涯实战的"成长笔记"，通过大量的案例和干货总结，力图让会计人在职业发展的不同阶段都能够获得一些有效建议。同时，这也是一本蕴涵大量财务管理实战经验的读本，倾注了作者十几年财务管理的心血，让大家可以在轻松的故事中获得财务管理的经验和工作技巧。本书笔风诙谐幽默又不失严谨、务实，相信认真读来一定会有所得。

**图书在版编目（CIP）数据**

世界500强财务总监成长笔记／刘冬著.—北京：化学工业出版社，2019.10（2025.2重印）
ISBN 978-7-122-34942-2

Ⅰ.①世… Ⅱ.①刘… Ⅲ.①企业管理-财务管理 Ⅳ.①F275

中国版本图书馆CIP数据核字（2019）第153173号

---

责任编辑：罗　琨

责任校对：宋　玮　　　　　　　　　装帧设计：韩　飞

---

出版发行：化学工业出版社（北京市东城区青年湖南街13号　邮政编码100011）
印　　装：涿州市般润文化传播有限公司
710mm×1000mm　1/16　印张12　字数149千字
2025年2月北京第1版　第6次印刷

---

购书咨询：010-64518888　　　　　　售后服务：010-64518899
网　　址：http://www.cip.com.cn
凡购买本书，如有缺损质量问题，本社销售中心负责调换。

---

定　　价：39.80元　　　　　　　　　　　　　　　　版权所有　违者必究

# 前　言

　　这本书完整再现了会计人在职业的不同阶段，如助理会计、会计、总账会计、会计主管、财务经理、财务总监等所面临的各种难题及业务烦恼。

　　正是亲身体会了会计工作的辛苦和会计人的不容易，我才写了这本书，希望更多的会计人在职业发展的过程中可以少走一些弯路，在工作中可以应对得更从容。希望通过这本书将每一点我经历过的挫折和感悟都分享给大家，让大家在轻松的故事中看到会计人面对困难、化解困难的决心和方法。

　　这些困难是我们会计人在工作中成长所必须要经历的。刚开始的时候，我处理得也不太好，受到领导的批评和指正是常事，但这些经历最终变成了我在职业成长中十分宝贵的财富。现在将这些经历分享给大家，希望大家在提高会计工作技巧的同时，可以学习到职业成长的思维模式和职业生涯规划的意识。学会用我们自己擅长的会计工具来对自己进行统筹，这种统筹不仅仅是工作，希望还包括大家的生活，让我们的会计思维应用在各个地方。

　　最后，我还介绍了一些相关的具体会计工作和岗位的工作思路，还有前沿的会计工具如业财融合、财务内控、经营分析等。希望读者无论是初级的会计入门者，还是盼望取得职业提升的基础管理人员，又或者是已经具有丰富经验的财务经理、财务总监，都可以从这本小书中得到些许启发。

**最后，希望大家记住：会计无小事！**

真心希望这本记录会计人职业生涯成长的书可以真正对大家都有所帮助。

# 目 录

**上篇** 工作1—3年，从出纳到骨干：月薪1500元到8000元

## 第1章
## 起步——找到工作，迈开职业生涯第一步

003　1.1　初涉财务糗事多（求职）：
　　　　郑州实习月薪500元，开废四张支票

007　1.2　厌倦财务转销售（性格）：
　　　　江苏卖酒月薪2400元，吃不消兜着走

011　1.3　欲操旧业难上难（定位）：
　　　　广州误入集资陷阱，0元工资干两个月

016　1.4　放低姿态却被开（能力）：
　　　　月薪1500元遭开除，毕业半年仅一个月会计经验

## 第2章
## 财务成长——从储干到骨干，小助理的快速成长之道

021　2.1　零经验快速上手财务工作之：
　　　　领导沟通（多做、多问）

025　2.2　零经验快速上手财务工作之：
　　　　管理项目（多看、多想）

030　2.3　零经验快速上手财务工作之：
　　　　工作心态（压力下的心态管理）

033　2.4　零经验快速上手财务工作之：
　　　　　排难能力（小人物派上大用场，公司收购中担大任）

037　2.5　零经验快速上手财务工作之：
　　　　　克勤努力（在公司得多项第一，快速成长后黯然离场）

## 第3章
## 财务跳槽——君子藏器于身，待时而动

041　3.1　频繁跳槽利与弊（跳槽分析）：
　　　　　首进上市公司，月薪4000元遇到生命中的贵人

044　3.2　做领导的成全者（上司关系）：
　　　　　他既是我的上司，也是我的朋友

047　3.3　财务细节定成败（细节管理）：
　　　　　见微知著，小采购中有大文章

050　3.4　工作之余考个证（学习考证）：
　　　　　考证，那些痛并快乐着的日子

054　3.5　车到山前必有路（事业心）：
　　　　　跳槽再升级，年薪10万元进入中国百强企业

工作4—5年，从骨干到主管：月薪8000元到12000元

## 第4章
## 财务蜕变——直面职场，抓住机会

059　4.1　做空降兵：
　　　　　空降财务人的第一课——认识自我、了解我的上司

063　4.2　职场竞争：
　　　　　职场竞争如何破——化解职场危机，获得领导赏识

4.3 遛骡遛马：
是骡子是马拉出来遛遛——抓住表现的机会，一鸣惊人

4.4 勇于担责：
敢说敢做——让大家刮目相看

4.5 华丽转身：
你若盛开，蝴蝶自来——野百合也有春天

4.6 逆向管理：
向领导提要求——工作四年，月薪 12000 元的财务主管初体验

## 第 5 章
## 财务心态——面对失业或待业的彷徨期，追求内心的声音

5.1 待业期财务心态：
梦断深圳、回到武汉的无奈与不甘

5.2 创业期财务心态：
满腔热血，暂别职场

5.3 挫折期财务心态：
北京面谈项目，再吃闭门羹

## 第 6 章
## 财务思维——财务思维决定生活幸福指数

6.1 财务知识活学活用之买房：
买房也有财务模型，3 万元深圳买房记

6.2 财务知识活学活用之理财：
建立家庭理财模型

6.3 智商高不等于财商高：
两个 CPA 考霸错过的那些机会

下篇　财务主管到财务经理，月薪12000元到年薪30万元

## 第 7 章
### 财务转型——从内审到财务，从经理到会计，如何平衡内心

- 113　7.1　财务的原则比岗位重要（财务原则）——放弃经理岗位，一切从会计做起
- 118　7.2　让高层听见你的声音（高层沟通）——新官上任三把火，打好入职第一枪
- 121　7.3　站在负责人的位置思考（管理者心态）——财务领导也有难言处，关键时刻敢出头
- 125　7.4　小舞台也能吸引大关注（追求卓越）——将一件事情做到极致，你就是NO.1
- 128　7.5　关键时刻财务要敢担当（责任担当）——勇于担当，压力是最好的成长剂

## 第 8 章
### 财务平衡——工作与兼职，做财务原来这么有趣

- 133　8.1　疏通工作压力（压力管理）——兼职财务讲师，追求不一样的财务人生
- 137　8.2　多维职业规划（职业规划）——开一个会计培训班，邂逅一生的爱情
- 145　8.3　专一门通百才（财务英语）——圆梦美国，小角色走上国际大舞台
- 150　8.4　助力财务战略（善用中介）——借助机构力量，助力财务战略规划

## 第 9 章
## 财务飞跃——一年涨薪三次，五年沉淀终成财务经理

9.1 项目管理：做财务经理的事，让财务领导省心——
一年涨薪三次，月薪 2 万元

9.2 决策支持：从财务管理到运营管理——
从幕后走向台前，财务走向管理的必经之路

9.3 积累沉淀：锲而不舍，金石可镂——
五年沉淀成财务经理，年薪 30 万元，为梦再出发


## 第 10 章
## 财务日常——将常规的财务工作做出价值

10.1 部门架构：
千里之行始于足下，财务管理从设置部门架构开始

10.2 制度编写：
合理设置财务制度，部门财务工作可以有条不紊

10.3 财务内控：
内控融于流程环节，掌握并全面梳理财务内部控制

10.4 业财融合：
业财融合是趋势，不然财务可能被边缘化

10.5 全面预算：
预算关乎战略，预算的痛即是公司管理之痛

10.6 财务分析：
走向经营分析，财务分析可以大有作为

# 上篇

工作1—3年,从出纳到骨干:
月薪1500元到8000元

上篇

# 第 1 章

## 起步——找到工作，迈开职业生涯第一步

### 1.1 初涉财务糗事多（求职）：郑州实习月薪 500 元，开废四张支票

供应商急匆匆地跑到财务室："这个款非常急，今天一定要付出去，只能有劳你和我一起跑一趟银行了。"

我的第一份与会计相关的工作，是在一家工程单位的项目部实习。有一次，项目会计老崔临时有事需要回家几天，委托我处理项目上的付款事宜。当时项目经理领着一个供应商来到财务室，让我给他开一张支票用于支付材料款，而就是这样的一张现金支票，我却开错了四次。

【案例】

我上的大学是一所普通的二本院校，年轻时因为脾气急躁，素爱打抱不平，当然也屡屡吃亏惹事。

我的首份工作是郑州市的一家工程事业单位，2009年初我就兴冲冲地从学校过去实习。记得那时郑州的天气很冷，还在下雪，到了郑州当天公司就把我派到河南焦作的"南水北调"项目财务部，并承诺给我每月500元的实习工资。当时财务部有一个会计，我平时都叫他老崔，老崔人很好，我问他什么东西他都会告诉我。在项目上做财务的人都知道，项目财务是很清闲的，那时做的还是手工账，老崔平时主要负责资金的收付和入账，我有时会看，然后发现有与老师教的不一样的地方就和他讨论。

那时候事情实在是很少，财务室安装了空调，我们每天都可以一觉睡到自然醒，由于办公室的电脑没有联网，我还自己经常在上班期间坐公交车跑到焦作市内的网吧去看NBA（注：美国职业篮球联赛）比赛。

有一次适逢老崔的同学结婚，他请假回家，回家之前把未来几天可能要做的事情跟我交代了。刚开始两天我还能勉强应付过来，后来有一次一位材料供应商要我给他开张现金支票，可能是因为第一次开支票我太紧张了，我竟然开废了四张，到第五张还是我与这位供应商一起到银行，他才取到钱。这给我的职业生涯中留下了非常不光彩的一笔。

我记得第一张支票的错误是我把大写的"捌"写成了"扒"，第二张支票是把"用途"写错，第三张是把日期写错……

有一次，我的同村老乡小成去郑州办理出国签证，那时候是3月份，焦作的天气还很冷，郑州公司总部在我刚来时给我买了被子放在了那边，我就借口拿被子从焦作回到了郑州。

拿了被子之后，财务部部长和人事部部长要我第二天和车辆一起回到项目上去，而我不断说有事要在郑州多待一天，还要公司给我安排出差接待的内部宾馆，可人事部部长就是不给我安排。我问为什么其他从项目回来的都给安排，就不安排我的。人事部部长和财务部部长说我回来郑州之前没有提前告诉他们，而财务部部长一边和我说话还在一边玩着河南扑克（我至今记忆犹新）。我当时真是生气，当着所有人的面与财务部部长、人事部部长大吵一架。

虽然和领导吵了架，但是一个人在郑州无依无靠，而且还没有拿到实习工资呢，我就厚着脸皮又回到了项目上，一共在工程项目上坚持实习了两个月后，因为要准备毕业论文我又回到了学校，回去后我就与郑州那家工程事业单位解约了。

## 【干货】

在这一次短暂的财务实习工作中，我共犯了六大错误。

（1）没有做好工作交接。不应该在没有弄明白如何开现金支票的时候就按照自己的想法去做，导致开废了四张支票。

（2）工作时没有职业态度。上班时间跑去市内看球赛。

（3）向领导撒谎，还自作聪明。明明是去见朋友，却谎称因为工作回郑州。

（4）擅离工作岗位没有提前请示。

（5）不服从领导安排。本来应该第二天下到项目部，我却要多在郑州待一天。

（6）情绪化。当众和财务部部长及人事部部长吵架。

对于每一个初涉职场的人来说，一切都是新鲜的，对一切都充满好奇，想迫不及待地在工作中一展拳脚。但这往往也是我们容易心理失衡、犯错误的时候，表现为在工作中过于自卑或者要强，遇到不会的事情会不知所措，又不知道向谁请教或者应不应该请教。作为初涉职场的财务人，我们要记住以下几点。

（1）关于虚心。遇到不会不懂的事，一定要虚心向前辈请教，无知不可怕，无知而不虚心才可怕。

（2）关于职业心。要有一颗职业的心，不能再放任自己在大学时养成的懒散的学习和生活习惯。

（3）关于服从。服从领导安排，少说、多做。

（4）关于请示。工作上重要的事情一定要提前请示财务领导，询问领导意见。

（5）关于情绪。少一些情绪化，多一些宽容和理解。

## 1.2 厌倦财务转销售（性格）：
## 　　江苏卖酒月薪2400元，吃不消兜着走

入职的时候，办公室主任问我："我们现在有两个岗位供你选择，一个是去财务部做会计，还有一个是去市场部做销售员，你愿意做哪一个？"

我对此的回答是："我面试的岗位是财务部会计，但是如果有市场方面的岗位的话，我更加愿意做市场，因为市场工作可以让我更好地了解成本归集的方式。"

【案例】

与郑州的工程事业单位解约后，我就与湖北宜昌某知名企业下属的一家酒业股份公司签约了。当时我们学校一起参加面试的有十几个人，最后录取了两个人，一个是我，还有一个是我们学院同一届市场营销专业的小李。

被录用后，办公室主任告诉我他们决定录用我，是因为我有两点让他们很赞赏：一是因为我说班级女生多，我与班上女生的关系都很好，而公司财务部现在全部都是女孩子，所以需要一个容易相处的男生；二是我说我的篮球打得不错，是班级篮球队稳定的第三得分点，而那一段时间集团正好要组织篮球赛，我是一名可以即去即用的选手。

可能因为我在大学做了两年班长，加上面试时良好的口才给了面试官们很好的印象。入职的时候，办公室主任问我："我们现在有两个岗位供你选择，一个是去财务部做会计，还有一个是去市场部做销售员，你愿意做哪一个？如果选择做会计，你下午就可以去财务部报到；如果选择做销售，你明天就可以去市场。"

当时也是年轻气盛，加上第一段财务实习工作给我留下了很深的财务

阴影。我本来希望得到的理想工作就是做销售，大二重新分专业的时候我差一点就选择了市场营销专业，但是因为那时候成绩好的同学都选择了学院的王牌专业——财务管理，我那时候的成绩不错，而我又是一个喜欢跟风的人，也自然而然选择了财务专业。本来我也是以财务人员的身份通过了面试而进入这家公司，结果面对办公室主任伸出的另一只"橄榄枝"的诱惑，我毫不犹豫地说我想去做市场，以更好地了解公司成本归集的方式。我当时十分庆幸自己终于可以摆脱财务工作。

于是毕业后在公司报到的第二天，我就和新同事小李被派往了江苏省盐城市阜宁县，开始了我的销售生涯——卖酒，工资是2400元一个月，不包吃不包住。

我在那里天天与当地经销商的业务员去各个乡镇搞推销，看到商店就往里面冲。主要的推销工作由经销商的业务员去做，而我的主要工作就是在商店门口贴广告。

搞销售的人免不了吃吃喝喝，区域经理下来了要应酬，经销商那边也有应酬，我以前以为自己口才不错，但是在市场上的每一天，我都感觉自己什么都不懂，什么都要问，在大家吃饭喝酒的时候我也显得不合群，不知道怎样和大家交流。

在那段短暂的时光里，我更深刻地体会到了什么是销售，什么是经销商、代理商、业务渠道。酒类产品会经常做活动，酒厂也会给经销商价格折扣优惠，经销商再把赠品等以促销的形式给商店。然后我们作为酒厂的业务员，每到一个乡镇卖酒（专业术语叫"铺货"）的时候就会绘制本地的客户地图，以将客户资源掌握在酒厂手中，对经销商形成一定的制约。这也是这家酒厂在营销策略上不同于其他酒厂的地方，所以能在短时间内做到全国有名。

有一次我们的大区经理下来我们所在的区域巡查的时候说，和我一起过来的小李在另外一个区域做得相当不错，是难得的人才。听到区域经理这么说，我感觉羞愧难当，想想我自己，这段时间显得既幼稚又木讷，不但不会推销，也和其他业务员搞不好关系，更不懂如何在领导面前表现自己，这让我感到十分沮丧。

做了一个月左右的时间，我经过查询得知自己已经通过了助理会计师考试，于是我又想到可能自己确实更适合做财务吧。于是我给公司办公室主任打电话，询问是否可以做回财务岗位，得到的答复是财务岗位已经招聘到新的人员。这让我更加不知所措。

于是我又回到了湖北的公司总部，向公司提出离职并结算了工资，中途回了趟家，而后风尘仆仆，带着被"摧残"的疲惫不堪的心去到了另外一个更加"摧残"我的城市——广州。

## 【干货】

有了白酒销售业务员的"惨痛"经历，让我对销售类的工作由期待到失望，我也已经意识到自己并不适合做销售，不善于表达，不喜欢应酬，更不会取悦于人。通过从事财会工作许多年后同事对我的评价，我知道这是一种性格形态，说得难听一点叫"情商低"。性格决定命运，为此我们有必要进行深刻的自我剖析，弄明白自己是什么样性格的人，自己适合做什么样的工作，勉强做自己渴望做但是却不擅长的工作，很难取得好的成绩。而有些工作譬如财会，也许我们开始不喜欢，但是做一段时间找到成就感后，我们或许就会发现原来这份工作如此有趣。

工作就像恋爱、结婚，除非一见钟情，多数人还是需要"将就"与磨合，有些人我们一开始也会不喜欢，甚至讨厌，但是随着了解的加深，我们渐渐会发现这个人的优点，有点好感，深入相处之后，我们会喜欢上甚至会变成这个人的样子。

人的性格有许多种，不能说什么性格的人一定不适合做财会工作，但做财务工作的人需要有一定的数字敏感性和逻辑分析能力，财务部门又是常年与公司的钱打交道的部门，大大咧咧、轻浮冲动的性格就有点不太合适。我们不妨从以下几个方面进行判断，可以大致说明什么样性格的人会更适合做财会工作：

① 勤奋努力；

② 思维敏捷；

③ 严谨细致；

④ 循规蹈矩；

⑤ 学习能力强；

⑥ 稳重；

⑦ 率直；

⑧ 自信；

⑨ 积极。

时至今日，我还经常会对朋友和同事说，我的性格本来是不适合做财务的，如"做事爱较真""情商低""不会取悦领导""固执""爱出风头"。这些都是这些年贴在我身上的标签，但即使有这么多性格上的缺陷，我仍然向大家证明了，既然做了财务工作，我就一定可以把它做好，有些看似是缺点的性格特点反而可以成为财务人的优点，只要我们善加利用，这是后话。

## 1.3 欲操旧业难上难（定位）：广州误入集资陷阱，0元工资干两个月

在经历一个月的失业状态后，我终于是病急乱投医，开始寻找一些与自身能力和定位并不匹配的工作，去一家公司做起融资业务员。我的满腔热情在这样的环境下被强烈激发了出来，天天西装革履，热情饱满地四处拜访客户，和竞争公司争抢客户。但我的努力没有给我换成一单，在广州三个月时间我没有赚到一分钱。

【案例】

在广州的那段时间是我毕业后前五年里最狼狈的时光，天天在网上海投简历和跑广州人才市场，想要重新做回财务。找工作的一个月里，有两次比较好的机会与我擦肩而过，一次是一所大学招聘一名会计电算化老师，另一次是一家上市公司招聘一名预算会计，最终都由于经验不足在面试的最后一关被有经验的竞争对手淘汰。

那时候的我寄宿在大学室友在广州狭小的出租屋中，每天出门早、回家早，家里打扫做饭都成了我分内的事情。刚毕业的时候，由于没有工作经验，一个月没有找到工作，在人才市场甚至连简历都没有办法投递出去，还被各家招聘单位打击，所以毕业生承受的心理压力是可想而知的。

在经历一个月的失业状态后，我终于是病急乱投医，开始寻找一些与自身能力和定位并不匹配的工作，去一家融资公司做起了融资业务员。公司的领导都是比我大那么几岁的年轻人，有的比我还小，但是他们却都是在这个行业做了很多年的。那一家融资公司，说白了就是非法集资公司，当时的我是不知道的，或许心里曾经有过一点怀疑，但也仅仅是一瞬间的想法。

入职时谈好的是试用期1500元一个月，再加业务提成。公司上下一致给我描绘了一个多么美好的行业前景，什么"人人月收入过万""这里的经理

都是行业精英""中国现在政策没有限制集资业务"。

我这么傲气的一个人，曾主动"炒掉"国有工程单位以及大学所在市最好的单位之一，但却在广州备受打击。这里要告诫各位大学毕业生，如果有机会在学校参加校招（即"校园招聘"）签约的，就一定要在学校时就把工作找好，而且企业通常会对校招的应届毕业生重点培养，并且有系统的培训计划。企业进行社会招聘的岗位通常是需要即来即用的，应届毕业生由于缺乏工作经验，即使再好的毕业学校也难入企业法眼，在社会上找工作是比较困难的。

正是在大学参加校招的顺利以及在广州这一个多月来找工作的不顺，我的心态经历了"过山车"式的变化，我所有的骄傲、自信、棱角都在不断的拒绝、挫折中被慢慢消磨掉，乃至被磨平。这个时候任何工作都是我的救命稻草，这一份融资业务员的工作让我兴奋又抗拒，兴奋的是我终于有了"工作"，抗拒的是我明知自己不擅长做业务，这样的工作也仅是权宜之计。

我的满腔热情在这样的环境下被强烈激发了出来，天天西装革履，热情饱满地四处拜访客户，和竞争公司争抢客户，去公园、地铁口等人流量大的地方与中老年人聊天，诱导他们参加公司组织的免费旅游，然后借机索要到他们的电话号码。

免费旅游都是真的，只是天下哪有免费的午餐？公司先把这些老年人用大巴车载到广州附近的旅游点，每个老年人会有专门的业务员全程陪同，吃饭之前再由公司所谓的"骨干"大力宣传理财知识，宣传公司的实力。这些公司的宣传人员都口若悬河，说什么"由于现在银行贷款收紧，公司由于要扩大房地产、保健品、矿山开发等经营业务需要社会集资，而你们的钱放在银行不但不会增值，还会随着物价上涨而贬值，所以在银行存钱不如做投资"。

俗话说"吃人嘴软，拿人手短"，吃过饭后会由每一位经理带着业务员一个个地做这些老人的思想工作，软磨硬泡地要他们对公司进行投资，哄骗他们说每个月有8个点的月利率，签订一年合同，一年后可以续签也可以把钱取出来。这些"投资者"中有一些是专业参加这些活动的"老油条"，也就是"托儿"，会帮着公司做这些老年人的工作。在"糖衣炮弹"和大家"无微不至的关怀"下，在当时的气氛烘托下，果然就有很多老年人现场签约。

前几年广州的集资公司非常之多，行业内的人都非常了解，这些参加活动的老年人有些是常年做所谓的"投资"，有些成了集资公司的"顾问"帮助拉人，还有些老年人在这家集资公司"跑路"后就寻找新的集资公司做投资。这些老年人的基本条件都不错，有些还曾经是政府官员。有的人一投就是几十万甚至上百万，而集资业务员每次拉来投资可以拿到投资额20%的提成，所以稍稍做得好的业务员每月工资最低也有一万元。有老资格的业务员告诉我，他曾经的一个公司的业务员拉了单笔1000万元的投资后马上消失（提成是200万）。这个行业的老业务员都不会用真名，所以就算是要找人也找不到。

在这里做了两个月，虽然一个客户也没有找到，工资一分也没有拿到，但是我在外面的工作劲头还有抢竞争对手客户的本事却大大提升。最后这家公司终于是因为不能偿还投资者到期的本息而被公安机关查封！广州的集资公司乱象横生，业务员却是抢手得很，在公司被查封后我被老同事"挖"到了另外一家规模更大的集资公司，每周的展业（就是找客户，并且要到电话）量都很大，经常受表彰。我曾经创造了一个早晨要到15个陌生人的联系方式的记录（这项工作要求很高，需要对方信任你，并且有意愿参加公司的活动，有一定的投资意向），过几天后就会给他们打电话说活动开始了。

在这里做了一个月，看着部门其他业务员的工资水涨船高（我所在的部门一个只读过中专的女孩子在那个月融资30万，提成3万！），而我迟迟没有正式的签约客户。我又失败了。

我的努力没有给我换成一笔签约订单，在广州四个多月时间我没有赚到一分钱！可是现在的我却感到万分庆幸，因为两年后的2011年，我看到中央电视台曝光了一家非法集资公司——就是我后面加入的那家，老板因为涉嫌非法集资几十亿元被判刑，同时被捕的还有其他一系列骨干分子。

## 【干货】

当我在广州的时候发现很难找到与财务相关的工作，又被迫做起自己不擅长的融资业务员，可以说是由一个"火坑"跳进了另一个更大的"火坑"。

职业规划专家吉列特将职业选择的决策标准分为四类：一是期望策略，选择最希望得到的结果，胆子大、敢于承担风险的人往往会选择此策略；二是安全策略，选择最保险、最有可能成功、最安全的结果，选择此策略的人往往不太满意现有的选择，需要在心理上接受不完美的自己；三是逃避策略，避免选择最差、最坏的结果；四是综合策略，选择最期望而又最可能成功，不会选择坏结果。

我们在进行职业选择的时候，对自己的现在和未来都要进行合理定位。譬如：我的兴趣是销售，那我就会把与销售相关的工作放在首位；而如果我的兴趣是财务，就会把与财务相关的工作放在首位。同时我们还应该思考：我是应该去会计师事务所呢？还是应该去企业？如果是企业的话，我们是进国企、外企还是上市公司呢？这都需要我们进行定位，但合理的定位是对自身能力的合理评估基础上来进行。譬如你不善于表达，显然不适合做销售；对数字不敏感，可能不太适合做分析。当然，如果拥有了注册会计师、中级会计师等相关资格证书和工作经验，那么我们对职位和薪酬的要求就会更高，这也是合理的定位。

总而言之就是：择己所长、择己所爱、择己所需。

我们不妨从以下几个方面对自己进行职业定位分析：

① 个人需求；

② 职业价值观；

③ 受教育程度；

④ 职业期望；

⑤ 家庭和社会环境。

我们常常将定位类型分成管理型、技术型。

（1）管理型。这类人有意愿做管理人员，同时经验也告诉他们自己有能力获得领导岗位，因此，他们将职业目标定为有相当大职责的管理岗位。成为管理人员需要具备分析能力、人际协调能力、情绪控制力。财务中常见的管理岗位有财务主管、财务经理、高级财务经理、财务总监。大企业往往还有一些专业化的管理岗位，如税务主管、税务经理、财务分析经理等。

（2）技术型。出于自身个性与爱好的考虑，有的人往往不愿意从事管理工作，而是愿意在自己的专业技术领域发展。大多数的财务人员从事的是技术型岗位，如果在技术型岗位上深耕发展，也是可以取得大成就的。常见的财务技术型岗位有：应收应付会计、资产管理会计、转移定价会计、总账会计、预算管理师、财务分析师、税务师、审计师、资深财务分析师等。

## 1.4 放低姿态却被开（能力）：
## 月薪1500元遭开除，毕业半年仅一个月会计经验

在这里做了一个月，有一天财务经理突然和我说人事经理找我有点事，我就有了不祥的预感。果然，人事经理告诉我我被开除了，后来财务部的同事告诉我不是因为我的能力问题，而是因为上面一个领导要安排自己的一个亲戚进财务部。

【案例】

于是我又从融资公司离职了。如果说之前的白酒销售业务员的工作让我对从事销售尚且抱有一丝希望，那么广州的融资业务员的经历则让我对销售彻底死心。从融资公司出来后我就铁了心要找财会工作，于是我又去到了人才市场。

在广州的人才市场，我看到一个离广州很偏远的公司招聘会计助理，我当时极没自信地投了简历。财务经理问我薪资要求，我说1500元一个月。她说，我给你试用期1300元一个月，转正后1500。现在想想，当时那是多么不自信啊，对前途是多么迷茫啊，在广州做会计，我估计没有比1500元更低的了吧。但我那时候也知道，起点低不要紧，那时候最重要的是积累一点会计经验，为长期从事会计工作作准备。后来事实也证明，我的这个选择和决定是正确的。

这是一家生产人造石英石的公司，财务部加上我有四个人，包括财务经理、会计、出纳、财务助理。我的常规工作是协助会计与客户对账、发货时负责清点实物数量，再就是负责监督售卖废品的清点。部门财务经理与出纳是公司的"老人"，而会计和我是公司的"新人"。那时候刚从事会计工作，感觉做事都是晕的，完全不知道从何入手，所有的工作都需要会计手把手地教，所幸会计人不错，还是非常愿意教我。会计的工作多，所以

经常加班，我刚进公司不久，也每天加班争取可以多学多做一点东西。那时候我对会计在电脑的财务系统中做账非常好奇，想学习财务系统的记账方法，但是我的电脑没有装财务软件。会计就让我登录她的电脑的财务软件，自己随便摸索。

我那时候自己在外面租了一个150元/月的单间，因为距离公司近，每天都是第一个到办公室，打扫好老板还有所有办公场所的卫生，但勤奋并不能掩盖我经验的不足和工作上的不开窍。也就是在这里，我被财务经理骂作"百无一用是书生"，但我的脾气已经在之前那饱经挫折的几个月里被彻底磨平了，"识时务者为俊杰"，我也不再狡辩，更加珍惜眼前的工作机会，我是想把工作做好的。那时候就要过年了，公司统计过年加班情况，我主动向财务经理申请过年在公司加班，财务经理批准了。我之所以申请加班，一方面是想多学点东西；另一方面也觉得找了一份并不理想的工作，愧对父母对自己大学四年的培养，所以想多挣点钱，也可暂时逃避一下。而在此之前，我每年过年都会回家。

在这里做了一个月，有一天财务经理突然和我说人事经理找我有点事，我就有了不祥的预感。果然，人事经理告诉我我被开除了，后来财务部的同事告诉我不是因为我的能力问题，而是因为上面一个领导要安排自己的一个亲戚进财务部。我含着眼泪，找财务经理结算了工资，当时就进行了工作交接。临走之前，我向财务经理深深鞠了个躬，我说谢谢您！她告诉我，以后要学会把书上的东西学以致用。

我由衷地感谢她，这一个月虽然我表现得很笨拙，但是这一个月我才真正地开始接触到财务工作。虽然时间很短，内容也很浅显，但为我的整个财务工作之路奠定了基础，也为我面试下一份工作积累了经验和自信。

## 【干货】

摆脱了销售"苦海",我又被迫做起了自己当初"不太喜欢"的财会工作。如果学习了财务专业,可一开始就对财务工作不太感兴趣,但是又不适合做销售或其他工作,是不是就不应该从事财务相关工作了呢?

不一定。会计审计专家张连起说,选择自己最喜欢的工作固然美妙,但有时现实却让我们很无奈,如果我们能把看上去不太喜欢的工作做得很好,才真正是一件美妙而伟大的事情。

我没有干好销售工作,做财务工作一个月就被辞退,客观上说,是我对自身的能力没有充分认识,所以走了很多弯路,也经受了许多委屈和挫折;而如果我可以一开始就对自己进行客观评估的话,也许情况就会不一样。为了更多的财务人或准财务人可以避免重蹈我的覆辙,仅从财务工作出发,我们有必要根据如下岗位分析所需要的能力要求,客观评价自身目前的能力或段位,并找到提升的空间。

(1)初级会计:出纳、会计助理、会计文员、记账员、对账员等。一般需要取得会计从业资格证、初级会计师证书,经过一定培训可以从事简单的核算类工作,或协助会计处理一些日常工作。按照目前行情,月工资在2000~4000元之间。

(2)普通会计:成本会计、资产会计、销售会计、税务会计、总账会计等。一般需要取得初级会计师证书,可以填制各类会计凭证,进行账务处理,编制各类报表。月工资在3000~6000元之间。

(3)基层管理:财务主管、财务科长、财务组长、成本经理、财务分析经理等。一般需要取得中级会计师证书、注册会计师、注册税务师证书等,需要负责某一项具体业务的会计处理,企业规模越大,分工就越加精细。月工资在4000~8000元之间。

(4)中层管理:财务经理、审计经理、财务部长、财务处长、高级财务经理等。一般需要具备中级以上会计职称,取得CPA、CTA、CMA、CIA、ACCA(具体解释见后注)尤佳。作为部门的财务团队负责人,对公司整体财务经济活动的会计处理、财务管理负责。月工资在8000~30000元之间。

(5)高层管理:首席财务官、财务总监、财务副总裁、主管财务的副总经理、财务总经理、总会计师等。一般需要具备中级或高级会计职称,CPA、CTA、CMA、CIA、ACCA(具体解释见后注)尤佳,负责企业的整体财务工作,对公司的发展起到关键作用。结合企业的规模及性质,大中型企业,该岗位年薪一般在30万元以上,高可至上百万元。

注:CPA——Certified Public Accountant,注册会计师;

CTA——Certified Tax Agents,注册税务师;

CMA——Certified Management Accountant,美国注册管理会计师;

CIA——Centified Internal Auditor,国际注册内容审计师;

ACCA——the Association of Chartered Certified Accountants,特许公认会计师公会。

# 第 2 章

## 财务成长——从储干到骨干，小助理的快速成长之道

### 2.1 零经验快速上手财务工作之：领导沟通（多做、多问）

这家公司当时在我看来是非常气派的，环境也很好。面试这家公司之前我把会计工作的职责背诵了一遍，面试时非常流畅地说了出来（其实就是背了出来），经过三轮面试和一轮笔试，我终于顺利通过。笔试我其实考得很不好，我和人力资源经理说没想到会考试，对于考得不好我很抱歉！没想到结果很令人吃惊，他们竟然从十来个人中选择了我。

【案例】

在广州做了一个月的会计助理被开除后，距离过年还有大半个月，我索性买了票提前回家了。可想而知，那个年我过得并不开心——没有工作、没有爱情、没有希望、没有自信，可是我还有一个温暖的家，这是我永远的港湾！爸爸、哥哥、叔叔们总是鼓励我！看得出来都想帮我介绍工作，但他们也都是土生土长的农村人，没有太多可用的人脉。每当这时，我就更加难

受，想到作为我们大家族唯一的一名大学生，却在毕业后的半年时间落得这般田地，我感到羞愧又不甘。

2010年3月份，我终究还是选择去广东发展，这时候的我甚至依旧还不知道自己以后会做什么、应该做什么。我的想法是先找与财务相关的工作，如果运气不好就再找销售方面的工作，只要每个月能有一点工资够养活自己就行了。

可能是天悯衰人，幸运的我来深圳后第一次去人才市场就找到了一份审计储备干部的工作，那时我来深圳才5天。

这家公司当时在我看来是非常气派的，环境也很好。面试这家公司之前我把会计工作的职责背诵了一遍，面试时非常流畅地说了出来（其实就是背了出来），经过三轮面试和一轮笔试，我终于顺利通过。笔试我其实考得很不好，我和人力资源经理说没想到会考试，对于考得不好我很抱歉！没想到结果很令人吃惊，他们竟然从十来个人中选择了我。试用期1800元/月包吃住，转正后2200元/月。当时的我那叫一个开心幸福啊。

可以想象，那时候的我是多么战战兢兢，一方面需要表现出用过财务软件、熟悉财务知识的样子，另一方面又是什么都不知道，需要学习还不能露馅。于是从那以后我养成了一个习惯，就是每到一个新的公司，先每天晚上加班，持续三个月。因为我做的工作是财务内审方面，而部门主管不是干财务出身，所以竟然察觉不出我的专业水平。不然的话，扪心自问，以我一个月会计助理的经验怎么能应付这份工作呢！话说回来，正是因为有了那一个月的经验，我的脑袋已经开了一些窍，知道如果想把工作做好，作为一名社招员工的我需要快速上手，不能一味地唯唯诺诺，必要的时候需要勇敢地表达出自己的观点。

所幸我遇到了人生的第一个贵人——张主管。张主管人很好，我到公司时正好她怀孕了,而稽核中心原本就我们两个人,所以我平时在稽核中心不只是参与财务审计,还会协助她做流程稽核,她也尽心尽力地把她所知道的全部都传授给了我,用她的话说,我以后是要独自支撑起这个中心的。说到张主管,她是一个对工作要求极度严格的人,有时我一天也不能查出什么问题,但是只要查出了问题,她都会不断地问我:确定吗?为什么是这样的?我总是一遍一遍地要与财务、采购、销售、物控沟通确认。不过那时候稽核中心在公司里的地位是很高的,可以调用公司的所有资料,用大家的话说就是:上至总经理,下至员工,稽核中心都可以查。这给我工作的开展提供了很多便利。

在前三个月里,我做了很多的财务审计工作,如采购与付款循环中的应付账款审计,销售与收款中的应收账款审计、固定资产审计、食堂采购价格调查。我每天加班时最爱做的工作就是登录财务用友软件查看各种数据、系统逻辑关系,摸索如何取数分析,并在很短的时间里把用友软件用到了非常熟练的地步,以至于后来公司的财务主管都说我可以去做ERP(注:即企业管理系统)实施工程师了。

## 【干货】

从事财务工作后,作为一名新手,很多时候不知道如何开展工作,这时候最好的方法就是多问、多做,问前辈、问领导,主动帮同事做一些力所能及的工作。特别需要提醒大家的是,在我们问问题之前一定要先思考清楚,这个问题真的是无法自行解决的吗?如果自己通过请教他人、查阅资料可以解决,那就可以不用问,不然问一些太低端的问题就会显得无知和不职业。如果是经过我们系统思考还是搞不明白的问题,就不要觉得不好意思,反而要多问。作为会计新手,想要快速上手工作,可以从以下几个方面开始:

① 勤学好问,多向前辈和领导请教;

② 找出公司的制度规章及文件,用最短的时间掌握公司相关流程;

③ 学习前辈的工作成果，包括报告、交接的资料等；

④ 进入公司的财务系统，查看相关的数据流、资金流和记账逻辑关系；

⑤ 学习与本岗位相关的会计知识，并思考如何应用；

⑥ 多参与一些基础财务工作，如整理凭证、盘点、发货清点、对账、跑银行等。

## 2.2 零经验快速上手财务工作之：
## 管理项目（多看、多想）

跑了几次市场，之后我才知道原来公司的米、菜、油、料都是找批发商买的。要菜贩报价的话，可以先要他们的联系方式，回公司后再联系对方发信息；办公用品亦是如此。我先了解了市场售价及菜贩的批发价，接着我又去各个超市了解超市的售价，有一次在大润发超市抄价格，售货员直接联系超市保安把我赶了出去。

---

【案例】

---

做内部审计要有一定的耐心，特别是当你比较多地参与到财务审计的时候，你需要从ERP大量的数据中筛选出想要的数据，并对这些数据进行分类汇总、分析。譬如：通过订单、入库单、送货单的对比得出哪些价格异常；通过应收应付账款账龄分析得出异常的款项；通过库存呆滞分析得出哪些存货异常，需要寻找原因；通过某一个或几个关键的摘要找出你想要的财务信息（如银行存款信息、信用证押汇信息）。然后，再对大量异常的数据进行分类，按照金额大小或重要程度的高低排序，筛选出需要进行重点了解和调查的数据，与责任部门和责任人进行沟通。最后得出审计结论和建议。

但是当你非常深入地开展一个审计项目的时候，你常常会发现做了很多的无用功，要么是非重点的，要么是与项目毫无关系的。很多刚入行的内审新人就不懂得这方面的道理，审计报告往往是大小问题的简单堆砌，没有重点、主次，没有实例证据，发现一个芝麻大小的问题就巴不得在领导面前邀功请赏一番；而问题的内在实质却不能真正把握，没有从点到线到面、从局部到整体的全局观，只是就问题而谈问题，不能上升到管理的高度，不能从一个问题的表象拓展到整个公司由于此类问题而引发的结果的程度。

还有些人做审计怕与业务部门沟通，怕得罪业务部门不利于以后工作开展。这其实是一种畏难心理。我那时做审计项目也经常会有这种畏难心理，说白了是拉不下自己的脸面，有时候为了搞清楚一个报废问题，我往一个业务部门跑了五次，电话打了无数个，被对方一再用各种理由推脱、不配合，我仍然还会笑呵呵地说，没关系，等你有时间的时候我再和你沟通。最后，他不但热心地和我讲解相关的情况，还主动邀请我参加他们部门的内部会议。我相信没有人愿意一直拒绝你，特别当他知道你是那种不到黄河不死心的人；如果遇到的是业务部门的领导，他们更不会因为这些事情而为难审计人员。

还有些人做审计项目完全没有思路，不知从何入手。我的建议是从最基础的入手。譬如进行固定资产审计，要是你不知道审计什么，不如就从固定资产盘点开始，对照财务的资产盘点表盘点下来，自然会知道盘盈盘亏、转移情况、报废情况，这些问题都出来了。在主管休产假期间，我一个人把这个循环做下来，将3000多人员规模的公司固定资产盘点完毕。你可以想象，一个新人，对公司的人员还不熟悉，还得寻求那么多部门的配合，协助盘点，没有一点死皮赖脸的精神，这项目能做得下来吗？能出具一份像样的审计报告吗？

张主管还没有休产假的时候，我已经审计出了很多问题，譬如应收账款的对账错误、信用证押汇融资损失、不按公司规定比价议价、库存呆滞长期不处理、应收应付账款的死账呆账、税务问题、虚假列账问题、产品定价问题。很值得称道的是，有一次我做了成本审计，发现了公司几款产品成本核算的问题，当时也都是从一个很小的问题入手，然后扩展开来发现公司整个成本核算的问题。做完报告后有一次我翻阅以前的审计底稿，无意中发现这种问题我的前辈也发现并提出过，这让我兴奋不已。这表明我具备了专业财务的能力，也可以做出专业的报告。

这里举一个食堂采购和办公用品采购价格审计的案例。

按照年度稽核计划的要求，稽核中心每年需要对食堂采购和办公用品采购进行市场价格调查，主管说还有1个月她就休产假了，所以这个项目我来主导、她协助。主管很放权，遇到问题总是让我自己去摸索、去解决，让我不要参考以前的资料，每年做相同的项目应该用不同的方法，公司每年的情况在变，因此审计的重点也不要千篇一律。

于是按照我的思路，我先在ERP系统中调出了所有的食堂和办公用品采购账，然后对照去财务找凭证，把原始凭证中每个月的采购明细账都抄在纸上（抄了几天），以统计2010年前5个月每种蔬菜、肉类、调料、办公文具购采的单价、数量、金额。刚开始我还不知道食堂用的原料都是在批发商那里买的，还以为是在市场上买的，所以天天跑市场，问茄子多少钱一斤、青椒多少钱一斤、各种禽蛋各是多少钱一斤……然后又偷偷地记录下来。

跑了几次市场，之后我才知道原来公司的米、菜、油、料都是找批发商买的。要菜贩报价的话，可以先要他们的联系方式，回公司后再联系对方发信息，办公用品亦是如此。我先了解了市场售价及菜贩的批发价，接着我又去各个超市了解超市的售价，有一次在大润发超市抄价格，售货员直接联系超市保安把我赶了出去。把几个可比的超市售价搞清楚后，公司的采购价格如何基本上已经初步定型了。于是我又申请公司派车，与负责食堂及办公用品采购的采购员去到我选取的深圳几个比较大型的蔬菜公司、文具批发公司去谈价格。我那时像模像样地装成一个采购负责人（其实后来主管告诉我，食堂及办公用品采购员投诉我做得不好），把几个大的蔬菜品类、办公用品批发公司的价格也拿到了。

这期间，也有供应商送茶叶、请客吃饭，我也不是一概拒绝，但是都会事先请示或者回到公司后跟领导汇报、上缴礼品。出的审计报告很中肯，证据确凿、充分，按照我的市场价格调查建议，办公用品、菜类、肉类、调料类采购在第二个月就降了价，并提出了食堂管理和食堂考核的新政，得到公司总经理的肯定。

当然，在调查的过程中我也受到过采购员的警告。采购员告诉我，我的每一次价格调查问了哪些人他都一清二楚，只是我没有太过分，报告还是像模像样的。至于采购是否存在猫腻，其实大家都明白，上面领导也知道具体情况如何，采购员也积极改善，所以我也在报告中对采购工作的某些方面作出了肯定。

## 【干货】

财务工作可以分为日常工作与管理项目。日常工作如录入凭证、记账、核算、费用报销审核等；管理项目如月末结账、产品定价、盘点组织、分析报告等。日常工作多为每月的固定工作，一旦上手后很难再做出亮点，做出成绩；而管理项目则可以做出很多亮点，获得领导认可。

我们可以充分利用每一次会计管理项目的机会，实现自身增值，获得领导认可，把每一次会计管理项目当成一次项目管理。如对某新产品进行产品定价，很多公司的财务人员仅仅起到一个提供产品成本的作用，那我们能不能换一种工作方法？譬如：接到这个任务后，我们可以先向业务单位了解清楚公司的定价政策，了解市场同类产品的售价情况，学习不同的定价方法，分析公司一贯执行的成本加成定价方法的弊端并进行多种定价方法比较，研究公司该新产品促销政策，最后向业务单位了解该新产品的市场销量预估并进行未来三年盈利测算，给出几种合适的定价方案供领导选择。

其实就是通过在现场管理中的多看多想，大大提高我们的工作绩效，由一个单纯的数据提供者向一个财务顾问的角色转变。在此过程中，财务人员有沟通、有学习、有思考，并了解了公司的业务情况和市场情况，主动参与了盈利测算，并给出了多种定价方案，自己得到提高，也让领导刮目相看，财务人员的绩效自然就起来了，我们的价值也体现了。

其实，大多数的财务工作，我们都可以将其看成一个项目，进行项目管理，从而体现财务价值，提升财务绩效，让自己快速成长。我提醒大家在财务工作中注意：

① 将日常工作项目化，明确项目时间、关键节点、责任人、产出成果、汇报、结项；
② 自己主动承担起项目经理的角色，合理调配资源，把控项目进展；
③ 提升财务分析能力，善于总结与归纳问题，并在合适的时机提出问题；
④ 多站在管理和业务的角度思考问题；
⑤ 提升跨部门沟通的能力；
⑥ 坚持财务原则，不逾越财务底线；
⑦ 在管理项目中不断学习、创新、提升。

## 2.3 零经验快速上手财务工作之：
## 　　　工作心态（压力下的心态管理）

后来主管休产假，而我经过几个月的试用期之后也转正了。按照年度内部审计计划，我需要对公司重点采购物料进行市场价格调查。看到这个审计计划项目，我顿时一头雾水，不知如何开展，而部门现在是我单兵作战的状态。市场价格调查不同于传统的财务工作或审计工作，只需要坐在办公室看看系统、查查数据就可以的，而是需要走向市场，直接面对供应商。

而我的性格还是偏内敛的，压力可想而知，面对面前这一项不可能完成的任务，我该怎么办呢？

【案例】

公司是做车载产品的，采购的物料有几百种。我先在ERP系统中调出所有的采购物料，按照不同的供应商和物料种类进行了排序，挑选出本次调查的重点物料，同时还需要排除客户指定的物料、需要经过试验匹配的物料等，最后留下来的十几种就是调查的重点物料。这些重点物料种类少，但是占了公司采购总量的80%以上。因为每个重点物料可能有几种甚至几十种型号，因此挑选出重点物料之后，还需要在重点物料中挑选出几款重要的规格型号（看采购金额）。最后可能就剩下了五六种物料，每种物料中有五六个型号，这些型号物料的采购金额占到公司总采购金额的60%~70%左右了。

这里要特别说明，有些财务系统不够完善，导致公司要统计出重点物料会比较困难，用ERP系统则可以迅速完成，节省大量时间。这就是为什么有些公司的ERP系统要几百万甚至上千万元，而有些公司的ERP系统只要几十万元。

选定了重点物料，下一步就是搜索供应商。如果是电子产品，在网上可以上华强网，里面有大量的电子产品供应商库，还可以直接在百度里面找，找到的供应商要在工商部门注册网站查找登记注册信息，以防遇到"野鸡"公司。特别在深圳，贸易公司太多了，前几年"山寨"货、翻新货、冒牌货比较普遍，要是把这些供应商作为工作底稿的结论依据的话，日后会被采购部戳脊梁骨的。每款产品找十几个供应商打电话、询价，还可以把一些供应商请到公司里面谈，必要的时候让采购经理帮忙谈。网上询价差不多了，我又跑过几次华强北电子市场，那里有很多工厂开的门店和柜台，可以跟他们现场了解价格情况，也可以要到名片后以便日后发信息报价，这样比较靠谱。同时，电子市场的价格变化快，今天是这个价格，明天可能又是另外一个价格。

价格出来后，我那时候对自己的报告还是相当自信的，一方面是我找到足够多的供应商报价，另一方面平时和采购经理沟通得比较多，他还是非常欣赏我的。我调查出的重点物料的公司采购价有一部分是偏高的。报告发送后，这些价格异常现象得到公司总裁和总经理的高度重视。当时总经理在国外出差，立刻指示采购经理进行市场调查，最后那些价格偏高的重点物料基本都按照我的调查价格作了调整，当月就为公司节省上百万的采购成本，采购经理还主动邀请稽核中心的人参与到价格谈判中。

后来有一次在公司的大厅碰到财务主管，她说：总经理在公司的部门会议上表扬我了，总经理还问我是何许人，可否"挖"到采购部做采购。同时还让采购员多看看我的报告上的供应商，可以作为参考。

## 【干货】

财务工作中我们总是会面对各种各样的压力，如写好一份报告的压力、税务风险的压力、如何向老板汇报的压力等。在压力面前有两种心态：一种是消极的心态，就是推脱、逃避，将工作推给他人，更有甚者，一走了之；还有一种是积极的心态，想办法、找对策，化压力为动力，最后圆满完成工作。

消极的心态不利于问题的解决,而且在以后的工作中还可能遇到类似的困扰。作为财务人员,我们更应该以积极的心态面对压力。

(1)自身技术上的压力。财税制度是不断变化的,每一个财务人员的工作职责也在不断变化,需要我们加强学习,让自己可以胜任工作。

(2)税务、审计部门的压力。加强同税务、审计部门、公司领导的沟通,在不违反税收、财务准则的前提下,满足各方需要。

(3)领导给予的压力。如由于业绩、税务上的考虑,领导会对财务工作不满,在税收及财务法规基础上,需要财务人员坚持底线;而领导给予的管理工作中的压力则需要财务人员通过提升技能,提高自身业务处理水平来应对。

## 2.4 零经验快速上手财务工作之：
### 排难能力（小人物派上大用场，公司收购中担大任）

下午下班后我就干脆没有回去吃饭，直接继续加班，苦思冥想。我得充分揣测公司领导想要一个什么样的方案，同时要预测到各种可能存在的财务风险，并考虑各方面的利益，最后实现利益的统一和收购工作的顺利实施。当天我加班到半夜11：59，在12：00前的最后一秒钟我将自己的方案用邮件方式发给了公司领导，一颗悬着的心落了地。那一夜，我的脑细胞受到前所未有的调动。第二天，人事通知说我考勤异常，他咋知道我是凌晨00：30才回去睡觉的呢？

【案例】

在这家集团公司我做了一个公司收购项目，过程中遇到很多困难，也感受到前所未有的压力。

并不是每家公司都会开展收购，这是一个战略层面的问题。收购是一家公司实现跨越式发展的必经之路，在收购之前，老板会犹豫再三，他会对公司的现状、前景和战略进行全方位分析，并选择合适的收购模式。下一步就是外部进行专业的咨询，内部广泛听取CEO（首席执行官）、CFO（首席财务官）和两边公司总经理和其他高层的意见，一方面要实现集团利益的最大化，另一方面又要兼顾各个利益群体之间的关系。各种因素，错综复杂，稍不留意，错走一步，重则影响整个集团的战略决策，挫伤被收购企业高层的积极性，造成人才的流失；轻则元气大伤，拖累实施收购的公司，深陷收购泥潭。

就是在这样的一个背景下，有一天领导突然对我说，你去调查一下某某公司的财务状况，并给我出具他们的财务状况分析报告。作为职场经验还不太丰富的我可能永远也猜不透老板的想法，接到老板要求三天内完成的工作指示，接下来该怎么做呢？

CEO问我是否需要签订一个文件证明这件事是由你在负责，我说需要，需要文件赋予我可以查询、收集、调用被收购公司一切资料的权利（被收购公司是集团旗下的另外一家独立子公司）。我开始每天到被收购公司蹲点，并获取一切可能用到的资料，了解其财务状况，分析各项指标。

对于那时候的我来说，对于公司的并购是没有任何概念的，只知道是一家大公司要吃掉一家小公司，我们需要去了解被收购公司的财务状况，至于具体从哪些方面去了解，如何对被收购公司进行估值，那时的我还没有这么深入地考虑过。

这个工作由于以前根本没做过，对被收购公司进行财务分析于我来说简直就是不可能完成的任务，所以我向尚在休产假的主管请教。她让我撤除大部分的数字和指标，用简短的文字，可能是几句话，把财务状况最核心的内容描述出来，至于资产负债率、存货周转率、应收账款周转率等，该删的就删。

而且她还要特别强调：你要事先弄清楚老板的心思，他最想要的是什么？他最关心的是什么？

第一份报告出来，CEO要我就财务状况中的应收账款、费用等作重点分析，一天内给他报告。

有了第一份报告的基础，这个难度不算太大，能够顺利按照CEO的指示完成任务。我与被收购公司总经理、财务负责人等进行了沟通，并突出重点地直指公司目前的问题所在、改善的建议和方向。于是，我又给CEO做出一份报告。

CEO又给出新的指示：针对被收购公司的现状，给出你的方案和思路，晚上给我。当然这个时候，CEO有侧重点地告诉我一些他的想法，这个时候我也能揣测到他的意思。我拿出纸和笔，把他和我说的每一句话都记下来，这对于指导我工作的方向是很有意义的。

下午下班后我就干脆没有回去吃饭，直接继续加班，苦思冥想。我得充分揣测公司领导想要一个什么样的方案，同时要预测到各种可能存在的财务风险，并考虑各方面的利益，最后实现利益的统一和收购工作的顺利实施。当天我加班到半夜11：59，在12：00前的最后一秒钟我将自己的方案用邮件方式发给了公司领导，一颗悬着的心落了地。那一夜，我的脑细胞受到前所未有的调动。第二天，人事通知说我考勤异常，他咋知道我是凌晨00：30才回去睡觉的呢？

公司收购是一个系统而庞大的工程，它的初衷可能是老板的一时冲动，但更多的是对当前时局的把握，在此基础上而进行的一项有目的、有计划、有组织的公司布局活动。

我们的项目组有四个人，包括我、公司财务经理、集团财务经理（注册会计师）、被收购公司财务主管，其他人力资源需要时可以随时调配，收购工作严格保密。

这个团队足可以保障收购工作的顺利开展，因为这个团队能够充分兼顾收购公司和被收购公司的意见，内部信息需沟通畅通，任何疑问、建议可随时由项目组长汇总提交集团CFO等讨论解决方案。在没有引进外部机构之前，我们需要先做好内部的梳理工作。

团队成员自己先要拧成一股绳，开会明确下一步的工作安排，认真听取下大家对这次收购的看法。同时把老板的要求、收购的时间节点、可能涉及的问题、目前存在的最大的困难、需要的资源情况进行沟通，同时会议中对各个组员在项目中的职责分工进行了明确。

之后的过程比较复杂，例如对各类债权债务的核实、对被收购公司的整合、账务处理、税收风险评估和处理、财务账套合并、人事合并、资产转让记账处理、资产评估、审计等。

在这里，特别要提醒做财务或内审的朋友，一定要非常熟悉企业的ERP软件，特别要关注账套的初始设置、BOM（注：物料清单）的建立规则，因为公司收购中不可避免要进行账套合并，而这个周期往往比较长，涉及各方面的数据流、资金流、财务流，技术和逻辑关系复杂，如果不能预留出足够时间的话会打乱整个收购计划。我因为开始时没有经验，就在这上面吃了亏。

## 【干货】

每当接手一件非常棘手的工作时，很多人的第一反应是"我不能"，如何化"我不能"为"我能"，需要我们具备排难的能力和决心。我当时就有一点赶鸭子上架的感觉，容不得我不接受，也容不得我犯错，唯有硬着头皮上。直到现在，我都认为这一段收购经历的锻炼是我工作这些年来提升最快的一个阶段。

很多时候，面对工作中的困难，"揠苗助长"也不失为快速提升的好手段，对自己、对下属都是如此。工作中具备排难能力的人往往更容易脱颖而出。如何理解并有效运用排难能力呢？

① 很好地完成领导分配的各项工作，让大家看到你的能力；
② 工作中善于将复杂的问题加以分解，逐步推进，达成目标；
③ 让大家看到你愿意解决问题的决心；
④ 思考可以提高你的技能和丰富知识的方法，找到差距和弥补差距的途径；
⑤ 个人的力量是有限的，关注外界资源和他人的意见并运用之。

## 2.5 零经验快速上手财务工作之：
克勤努力（在公司得多项第一，快速成长后黯然离场）

我的成长及自由的工作状态与主管回归后重新对部门实现控制之间的矛盾也渐渐凸显了出来。我能明显感觉到自己被打压，主管甚至直接告诉我已经不适合做审计，可能会被调到财务。我在那段时间对自己产生了怀疑，我觉得或许是自己不适应企业的文化和人才标准。

【案例】

在这家公司差不多做了一年，我做了销售与收款循环审计、生产与仓储循环审计、采购与付款循环审计、固定资产循环审计、食堂与办公用品采购审计、重点物料市场价格调查、舞弊调查、每月库龄呆滞分析与原因核查、现金盘点、人力薪酬审计、投融资审计等项目。

在这家公司里我创造了多个第一：集团爬山第一名、集团7S（注：整顿、整理、清扫、清洁素养、安全、节约）评比第一名、集团教练技术培训团队第一名（我是队长，一共10支队伍，100人左右）。在这家公司里我也第一次见识到了职场斗争，有的领导被排斥、被劝退，其手下一干人等也被逐步清理。

因为公司正在筹划上市，已经提前做了一些规范性工作，各项制度、流程已经比较完善和规范，特别是强烈的企业文化给了我很大感染，我在这里度过的每一天都如饥似渴。但是在主管回来后，CEO有一次提醒我注意要与公司的哪些人搞好关系，与哪些人要保持距离。我的成长及自由的工作状态与主管回归后重新对部门实现控制之间的矛盾也渐渐凸显了出来。我能明显感觉到自己被打压，主管甚至直接告诉我已经不适合做审计，可能会被调到财务。我在那段时间对自己产生了怀疑，我觉得或许是自己不适应企业的文化和人才标准。

尽管如此，我仍旧对我的公司、我的主管心存感激，没有她的手把手教导和不厌其烦的讲授，我的财务和审计技能是不可能那么快地提升，经过那段压抑的时光之后，我知道我该和公司说再见了。

就在主管回归一个月后，我怀着极其歉疚的心向主管、公司提出了辞职，财务部、人力资源部、企划部的领导们都非常惊讶我会作出这样的决定，估计CEO也是不希望我离开的。不久，人力资源总监、企划总监相继找我谈话，希望我可以先去企划部代理内刊主编（因为我是内刊编辑，与编辑部很熟，他们都很看重我的文采），等招到主编后去可以去财务部做财务主管培养。我拒绝了，因为我说我已经找到一家上市公司的工作了，他们只是感到惋惜。

在办理离职手续的一个月里，我只告诉了公司中一道入职的几位小伙伴关于我辞职的事情，而后在大家的不解与惋惜中，我离开了这家公司。在这里我学会的职场工作技能使我的一生都受益匪浅，所以我一直都感恩公司、感恩主管。

## 【干货】

在职场中，真正靠得住的只有自己，而让自己变得可靠的方法就是勤奋和努力，通过勤奋和努力让自己拥有过人的才华、无法被替代的技能及工作中的一技之长。刚出来的时候不要就想着享受生活，而是应该学习、考证，摔倒也许会让自己看起来比同龄人狼狈一些，明天的你会感谢昨天狼狈的自己！一家企业没有了任何人可以照样运转，而一个人如果拥有了经验和技能则可以做到职场危机一旦降临到自己头顶的时候免于惊慌失措。

所以，我拼命学习、提升自己，在一个几千人的企业得到几个第一名。我们要

相信:

① 机会是给有准备的人,把每一项工作都看成是为未来作准备;

② 要比同类人更出色,你才可能脱颖而出;

③ 工作可能会换,领导也可能会换,但是唯独自己的能力是会伴随自己一生的;

④ 自己的未来不是由机会和他人决定的,而是自己的勤奋和努力赚来的。

# 第 3 章

## 财务跳槽——君子藏器于身，待时而动

### 3.1 频繁跳槽利与弊（跳槽分析）：首进上市公司，月薪 4000 元遇到生命中的贵人

由于跳槽频繁，以至于后来在参加一家公司面试的时候，财务经理问我，看你年纪轻轻、工作时间也不长，这么频繁地跳槽，我可以认为你是一个不稳定的人吗？

**【案例】**

在我参加工作的前五年，自己一直是不稳定的，基本保持了一年换一家公司的频率，离职原因也各不相同，包括对岗位不满意、对薪酬不满意、对工作地点不满意、家庭原因等，我的每一次离职都很坚决，但是过后想一想，当初的选择也不一定是正确的，如果我能在某一个阶段坚持下来，或许现在又是另外一番模样。譬如我在深圳的第三家公司，当时深得财务部门领导器重，但由于家庭原因我选择离开，现在仍然觉得非常

遗憾，也许我错过了人生最好的一次机会，现在这家公司发展得很好，成为国内行业内的领袖，在国内几个城市建成产业园并将工厂开到了国外，以前的领导或同事很多都得到晋升的机会。

由于跳槽频繁，以至于后来在参加一家公司面试的时候，财务经理问我，看你年纪轻轻、工作时间也不长，这么频繁地跳槽，我可以认为你是一个不稳定的人吗？

那时候我并不承认自己的不稳定。我向那位财务经理解释，每个人都希望找到一个理想的公司长久地做下去，但是由于各种各样的原因我们选择离开，有主动的，也有被动的，但我的每一次换工作都是本着对自己负责任的态度，如果可以再找到这样的公司，我想这是我的人生之幸。刚毕业的时候我确实不知道自己能做什么，想要的是什么，所以我们总是不断地试错。拥有了这几年的工作经历，我已经变得越发成熟，我不能说自己一定是一个稳定的人，但是经过这么多次换工作，相对于现在的年轻人，我选择一家公司是非常慎重的，所以我选择来贵公司面试也是经过认真筛选和考虑的，公司招聘的这个岗位是我比较感兴趣的，我希望可以和公司共同发展。我渴望稳定下来。

当时那位财务经理似乎对我的回答非常满意，尽管我的简历上有多次跳槽的履历，却依然录取了我，而我也在这家公司工作了五年多。

但是现在想想，当时的我对自己的剖析并不够深刻，那样的回答也略显牵强。不得不承认，那时的我就是一个不稳定的人，每一次换工作原因各异，但是每次换工作又都有一个共同的原因，就是我遇到麻烦了，遇到当时觉得"很大"的麻烦，以至于我觉得自己无法处理，所以我最后都选择一走了之。现在回头再看，当时认为的"很大"的麻烦也不过如此，如果我当时能够更稳重一些，心态更好一些，眼光更长远一些，谁说我不能发展得比现在更好呢？至少可以少走很多弯路。

时间继续回到这一家上市公司。

我来到这家上市公司上班已经是2010年12月，在这里我遇到了我人生中的又一个贵人。集团审计经理面试后对我很满意，在集团总部待了一个礼拜后，我就被派到深圳关外一家分公司负责其所有的审计项目。虽然人在分公司，但是我的编制是在总部，也由总部审计经理对我进行考核。

## 【干货】

在我们的职业过程中，特别是对于财务人来说，什么时候应该跳槽，什么时候不应该跳槽，其实没有一定的标准。譬如在28岁之前，我会更愿意按照自己的意愿生活，"一言不合"就跳槽，有点像当下一言不合就辞职的"90后"。买房成家以后，在作出跳槽决定前我会反复衡量，房贷等各种家庭的财务压力会让我在选择面前更加慎重。如果要给一些财务人的跳槽建议的话，我想说：

① 跳槽要趁早，30岁之前可以给自己多一些尝试的机会；

② 跳槽的时候请从行业、公司、职位提升、薪酬、工作职责、发展前景几方面综合考量；

③ 频繁跳槽不一定是坏事，"专一"也不一定是好事；

④ 跳槽是实现薪资快速提升的捷径，在一家单位里，每年能实现10%的薪资涨幅就不错了，但是跳槽一般都会有50%以上的增幅，甚至岗位级别也可以提升；

⑤ 有机会就往大公司跳槽，这是越跳越好的；而不是越跳公司越小，职业风险也越高；

⑥ 如果自身的能力超越目前的岗位而又不能获得等额回报的时候，可以选择主动跳槽，这既是对企业尊重，也是对自己负责；

⑦ 不建议跨专业平行跳槽，如财务跳槽做人事、内审跳槽做外审、销售会计跳槽做费用会计等，而公司内部有机会的话则可以在多个岗位间进行轮岗，系统学习，以后更有机会跳槽实现职位提升。

## 3.2 做领导的成全者（上司关系）：
## 　　他既是我的上司，也是我的朋友

> 他虽然是我的领导，但却没有一点领导的架子，我们出差在外一起喝酒、斗地主、吃烤串、海底捞、糊麻汤，现在想想，当时的日子真是美好啊。出差闲暇间最爱做的事就是斗地主，从高铁上斗到酒店里，从酒店里又斗回深圳。与这样的领导为伍，怎么能不爱自己的工作呢？

【案例】

集团审计经理只比我大三岁，但却是从某知名会计师事务所项目经理跳槽到公司担任内审负责人，名校毕业，注册会计师，这样的光环令我崇拜不已。

这家上市公司在全国好几个城市有生产基地，我很享受和经理一起出差的日子。他的年轻有为和干练的工作作风给我留下了深刻印象，我后来的工作作风和习惯基本上都是受到了他的感染。那时候我们经常会去江西、湖北、河南等地分（子）公司执行审计项目，他虽然是我的领导，但却没有一点领导的架子，我们出差在外一起喝酒、斗地主、吃烤串、海底捞、糊麻汤，现在想想，当时的日子真是美好啊！出差闲暇间最爱做的事就是斗地主，从高铁上斗到酒店里，从酒店里又斗回深圳，充当"第三者"的有法务经理、投资经理、市场部副总等，其乐无穷，所以我们俩在一起一直合作得非常愉快。

有一个优秀的领导，可以在向你传授经验的同时，带你融入公司管理圈，是人生何等幸运之事。

我分析过，为什么我们配合得好：其一，是因为我们的知识上具有一定的互补性，他是公司从外审挖过来的，我是内审出身的；其二，他善于把握宏观方向,而我能从细处入手贯彻执行;其三,很多话他自己不方便说出口,但我却是那种看到什么不对就会说的人,往往容易吸引公司领导关注,也就是我唱黑脸、他唱白脸。

我来到上市公司旗下的这家分公司后,做的第一个项目就是人力薪酬审计。因为我来之前这家分公司是没有审计的,所以管理相对混乱,这第一个项目就被我查出了很多问题。审计部一炮打响,以后的审计项目连公司的总经理都对我礼遇有加(同时也迫切希望了解公司的现实情况,所以对审计部的工作也非常支持)。

在工作中我会尊重业务部门的领导,但是问题之多以至于很多时候我丝毫没有顾及各位老总的面子,将问题直接反映给分公司总经理及总部审计经理,而总经理非常信任审计部,所以那些业务部门的老总常常会被总经理责罚。每当我去做相关审计项目的时候,下面的员工对我都会主动配合提供资料。我一个人在关外的这家分公司做得风生水起,以至于在深圳总部出差的时候偶尔碰到总部采购、企划等部门的同事,他们会惊讶:你就是分公司的审计小刘啊!

其实我的最终目的是希望通过发现公司的问题,起到敲山震虎的效果,让公司可以规范化地运营,当然前提是相关岗位的人员都要把本职工作做好。

有一次集团董事长带着证监局的领导来分公司检查工作,刚好问到公司的内控工作开展情况,我就被领导临时"抓"过来问,这是我的对口专业啊,自然对答如流。回到总部后,董事长向集团审计经理夸赞:我们分公司内审工作做得好,小刘业务能力过硬。

【干货】

在不同的公司中,企业文化不同,同事关系不同,大家的交往程度自然也不同。每一位直属主管、经理的管理风格也有很大差异,因此不能用一种界限去界定与上司的关系,有的适合保持距离，有的又适合做朋友，还有的则是需要"若即若离"，如何把握这个度，是需要好好拿捏的。但是如果遇到一个好上司，带着你成长进步，则是一生之幸事。在处理上司关系中需要注意：

① 了解上司的工作，更要想办法走进他的生活；

② 向上司袒露心声；

③ 了解上司对工作的需求点；

④ 培养与上司共同的兴趣点；

⑤ 尊重上司是最基本的职场规则，不当众给上司难堪；

⑥ 积极响应和完成上司布置的任务；

⑦ 遇事多向上司"请教"，不要擅作主张；

⑧ 多与上司交流自身工作及公司中的问题和不足，寻求建议。

## 3.3 财务细节定成败（细节管理）：
## 见微知著，小采购中有大文章

我与采购负责人沟通，对方对我在价格上的质疑大为不悦，说如果纸张单价有问题那这不成暴利行业了吗？

于是我让采购负责人敦促采购员要求该供应商和备选供应商重新报价，发现供应商报价是分等级的，即3000张以下0.2元/张，3000~5000张0.12元/张，5000张以上0.08元/张。而公司的采购单价一直是0.2元/张。发现这一问题后，我立即要求采购负责人约见供应商。

【案例】

制度再完善的公司、管理再科学的公司都会出现这样或那样的问题。举一个自己曾经做过的采购审计的案例。

做内部审计时我喜欢去跑跑现场，搜集资料的时候我喜欢和业务文员一起搜集，也是怕资料多、女孩子抱不动。

一次做生产循环的审计时我也没有错过这个"开小差"的机会，跑到车间去逛了一圈，然后就让生产文员带我去资料室找资料。果然，资料放在很高的位置，我们很艰难地才把它们取下来。我发现，资料保管得不是很好，有些资料上面有一层厚厚的灰尘；在现场翻阅了一遍又发现，我需要看的生产现场管理的资料是按本装订的，一台机对应一本资料，可是部分机台当月尽管没有开机，却依然有一本空白的资料；还有些机器当月开机不足一个月，开机的那些天有资料记载，没开机的附有空白纸张。

由此我初步得出结论：生产纸张存在大量浪费的情况，生产资料的现场管理存在缺陷。很多内审人员做到这里可能就开始沾沾自喜了，以为可以向上级领导提交一份漂亮的内控缺陷报告了。其实不然。

发现这一现象后，我抽取了几本回到办公室仔细研究，初步估计纸张的浪费率在40%，然后找采购要到了生产用纸张的每月采购总量和每月采购单价后发现：①生产用纸张每月采购量巨大；②生产用纸张每月的采购价格不变，且按照常识判断偏高。

我与采购负责人沟通，对方对我在价格上的质疑大为不悦，说如果纸张单价有问题那这不成暴利行业了吗？

于是我让采购负责人敦促采购员要求该供应商和备选供应商重新报价，发现供应商报价是分等级的，即3000张以下0.2元/张，3000～5000张0.12元/张，5000张以上0.08元/张。而公司的采购单价一直是0.2元/张。发现这一问题后，我立即要求采购负责人约见供应商，由我、采购员和供应商就价格进行重新谈判并在以后的采购过程中均依据最新价格执行，对于之前几个月的纸张采购价格偏贵的执行扣款，仅仅由于价格偏高就扣款近万元，并对供应商提出严重警告，由于考虑到部分关系及申请领导后，没有对供应商执行额外罚款。

在这之后我又建议生产部门领导对生产纸张的使用进行更好的管控，采购部门加强自身的询比价工作。内审工作为公司创造了效益，促进了公司的管控，提升了内审地位。当然了，这个案例从侧面折射出公司的采购组织架构和职责划分上存在问题，询比价工作比较流于形式（以前采购环节的审计工作有证据支撑此结论）。

通过这个案例说明，审计工作要抓住问题的内在实质和关联关系，明白牵一发而动全身的道理，从细处入手，纵观全局，同时要有"打破沙锅问到底""不到黄河不死心"的心理准备，不放过任何一个可能提升自身价值的机会，一查到底。

## 【干货】

我们常常说"细节决定成败",说明了细节在工作中的重要性。财务工作更是如此,特别是当我后来做了财务分析之后有了更加深刻的体会,财务报表和数据反映的是结果,每一个数据后面都有一个故事,特别是每一个异常的数据后面,可能就是一连串的错误和不合规、不合理,而能否搞清楚背后的故事并挖掘出这些错误、不合规之处,在点滴细节中抓管理,是对财务人员职业素养的基本要求,也是财务人员走向管理岗位的必备技能。我们不妨从工作中加强对细节的管理:

① 学习一些财务分析的知识,用分析的眼光看数据;

② 理解重要数据背后的意义和故事;

③ 多和业务聊天,问问他们的看法;

④ 工作中多问几个为什么,"小题"需"大做";

⑤ 养成注重细节的习惯。

## 3.4 工作之余考个证(学习考证):
### 考证,那些痛并快乐着的日子

功夫不负有心人,当年我一次性通过了CIA三门考试;而自认为最有信心的一门则以2分之差没有通过。于是第二年我又一鼓作气通过了上次"挂科"的这一门,正式取得国际注册内部审计(简称"内审")师证书。

在后来参加工作几年后,我又陆陆续续参加了中级会计师、CMA(美国注册管理会计师)、MPACC(注:专业会计硕士学位)的考试,有成功的时候,也有失败的时候,渐渐地我把考试当成了一种会计人的责任和习惯。

【案例】

时光飞逝,转眼我在新公司也已经大半年了,有一次我在网上更新了一下简历,就相继收到了华为、飞亚达、顺电和一些拟上市公司的邀请,而且都给出了主管或相关岗位,但那时候我在工作上正意气风发,全部婉言谢绝了。

在很长的一段时间,我的全部身心已经投入到工作之中,工作之余也报考了CPA的会计、审计,那时候还专门规划了学习计划(详见下表)。

| 序号 | 起止时间 | 学习内容 | 学习量 | 达到效果 |
| --- | --- | --- | --- | --- |
| 1 | 2月14日—3月1日 | 会计书本 | 每天至少2小时,至少40页/天,周日4个小时 | 对概念初步了解,整体内容有一定把握,对内容基本理解,并能进行简单复述,能做简单的题目,并标出重点 |
| 2 | 3月2日—3月17日 | 审计书本 | 每天至少2小时,至少2章/天,周日4个小时 | 对概念初步了解,整体内容有一定把握,对内容基本理解,并能进行简单复述,能做简单的题目,并标出重点 |

续表

| 序号 | 起止时间 | 学习内容 | 学习量 | 达到效果 |
|---|---|---|---|---|
| 3 | 3月18日—7月15日 | 会计书本+习题+听课；审计重点背诵+习题解答+听课。审计会计交叉进行 | 每天至少2小时，周日4小时，至少2天一个章节 | 对所有会计概念基本能背诵，会做题，理解较为透彻，总结出难点，有笔记；对审计能背诵书本的所有重点，并能进行案例分析和习题解答 |
| 4 | 7月16日—8月31日 | 书本+习题+重点+考卷；审计和会计交叉进行 | 每天至少2小时，周日4小时；规定定时定量完成考试模拟 | 完成所有疑难题目的解答，能在规定时间内完成考试，并自己评分，能够达到60分以上的成绩，能够对自己掌握的知识有信心 |
| 5 | 9月1日—9月14日 | 考前调整，重点进一步巩固 | 请假复习，每天至少8小时 | 胸有成竹，非常有信心，感觉能打80分，进入考试状态 |

但计划赶不上变化，没有足够的时间投入学习中，又无法做到严格自律，加之我本身对CPA考试并不感兴趣，导致在CPA上尝试多年仍然一无所获，这令我心力交瘁。

而做了内审之后知道了CIA（国际注册内审师），相比之下，我觉得它比CPA要简单，所以就一下子报考了国际注册内审师的全部四门考试，我上班的地方比较偏，平时朋友同学聚会都不方便，所以白天上班，晚上及周末的时间我几乎全部放在了复习备考上。

11月份，我满怀信心，到深圳华强职校参加了国际注册内审师考试，当时作诗：

> 凌晨五点即起床，
>
> 公交地铁到职强，
>
> 风尘仆仆进考场，
>
> 厉兵秣马纸一张。

果然，功夫不负有心人，当年我一次性通过了CIA三门考试；而自认为最有信心的一门则以2分之差没有通过。于是第二年我又一鼓作气通过了上次"挂科"的这一门，正式取得国际注册内审师证书。

在后来参加工作几年后，我又陆陆续续参加了中级会计师、CMA（美国注册管理会计师）、MPACC的考试，有成功的时候，也有失败的时候，渐渐地我把考试当成了一种会计人的责任和习惯。

与大学期间以及刚毕业参加考试时的盲目不同的是，随着工作年限的增加和社会阅历的增长，我会挑选自己感兴趣的考试，这样学习起来才动力十足而且会轻松很多。譬如做内审的时候我对CIA考试非常感兴趣，所以尽管知道这个考试难度不低，但仍然"轻松"考过；后来在大企业工作之后，发现周围的同事很多是名校、研究生甚至"海归"，而我一个"二本"大学的文凭显然是不够的，加上工作几年之后产生了一些倦怠情绪，十分怀念单纯的大学时代，所以考取了武汉大学MPACC；转型做财务管理工作之后，对管理会计产生了浓厚的兴趣，所以又参加了CMA考试。

但每一个考试都是要付出时间和精力的，而对于我们每一个人而言，自己的时间都是有限的，都有工作、生活、家庭需要去经营、维系；有些甚至还有老人、小孩需要照顾。我鼓励大家在工作之余提升考证实力，只有参加过证书考试并为之付出努力，品尝过痛苦滋味而最终通过的人，才能体会到学习所带来的巨大愉悦感。这种愉悦感不亚于工作中的升职、加薪。但我并不鼓励大家为了考证而考证，职场中的会计人最重要的还是要理论结合实际，努力将理论知识转化为劳动生产力。

## 【干货】

歌德说：未曾在长夜痛哭的人，不足以语人生。而未曾经历过会计证书考试的人，不足以做会计。会计证书的考试和取得在我们的职业发展过程中的作用无疑是巨大的，甚至是举足轻重的，所以不妨在某一个阶段，放下所有的安稳，为会计证书考试（这里指的是难度较大的会计证书，譬如CPA、ACCA、CTA）而竭力拼搏一回，岂不快哉？

但会计证书又是何其之多，譬如财务界知名的证书有中国的CPA、CTA，中级会计师、高级会计师；美国的AICPA（注：美国会计师协会注册会计师）、CMA、CIA、CFA（注：美国特许金融分析师），英国的ACCA、CIMA（注：特许管理会计师公会），加拿大注册会计师、中国香港注册会计师等，我们要结合自己的工作选择适合自己的证书进行考试，而不要胡子眉毛一把抓。

我有几个朋友，他们可以说将中国财务行业各种知名的证书都考完了，同是注册会计师、注册税务师、会计师，但在企业觉得职场关系复杂，在事务所又没有特别的优势，结果只是在企业与事务所之间反复跳槽，职务和薪资都还只是普通企业财务经理的水平。

我们在选择考证的时候：

① 会计证书对于职业发展必不可少，财务人起码应该取得一个具有含金量的会计证书；

② 不要为了考证而考证，要结合自身工作选择适合自己的考试；

③ 参加自己感兴趣的证书考试；

④ 实战经验比证书更重要，证书只能起到锦上添花的作用；

⑤ 不要唯CPA论，眼光看远一点，许多国外证书也很有前景和含金量。

## 3.5 车到山前必有路（事业心）：
### 跳槽再升级，年薪 10 万元进入中国百强企业

参加完国际注册内审师（CIA）考试后，我即向集团审计经理及分公司总经理提出了辞职，我坦陈对目前的办公地点、薪资待遇、职位等级感到一定的沮丧；从公司来讲，审计报告反映出的遗留重大问题迟迟得不到解决，各项机制的不完善和上层领导的不重视让我苦闷，经理向集团领导申请将我调到总部、在薪酬岗位上予以调整，最后却没有被批准。

于是，在2011年12月份，我又跳槽到了一家中国的百强企业，在我毕业两年后正式跨入年薪10万元的群体。

【案例】

虽然地处深圳，但却远离都市繁华的核心区，一个人的生活让我感到苦闷，参加完国际注册内审师考试后，我即向集团审计经理及分公司总经理提出了辞职。审计经理收到邮件后立即从总部驱车赶到我这里，让司机把我们送到外面的一个餐厅吃了饭。两个人中午喝了点小酒，他问我为什么会要想到辞职？

我也说不清楚，说了很多原因，个人生活上，公司管理上。经理说有什么要求尽管提。

我很感激受到领导如此厚爱。从个人来讲，我坦陈对目前的办公地点、薪资待遇、职位等级感到一定的沮丧；从公司来讲，审计报告反映出的遗留重大问题迟迟得不到解决，各项机制的不完善和上层领导的不重视让我苦闷……

最后审计经理向集团领导申请将我调到总部、在薪酬、岗位上予以调整，最后却没有被批准。就这样，满怀感激的我离开了我职业生涯中的第一家上市公司。带走的，还有我的自责和对经理的深深愧疚。正如我在离职申请中所说，我的工作尽职尽责，但也没有为公司作出什么大的成绩。曾经想

协助集团审计经理进行全面内控体系和全面风险管理体系的构建，但随着我的离职，我知道这项工作会进入一个新的困难期。

在上市公司，我深刻领悟到了什么是企业内部控制和风险评估，什么是内控体系和风险评估体系，也让我看到了这个行业巨大的发展前景，使我对内控内审的前途充满信心。我知道我的下一份工作应该是紧贴内控与内审，同时应该是一家制度体系均相对完善并有进行全面内控体系建设的公司。我需要学习内控体系建设的经验，公司的发展也需要我的经验，渴望有一天我会主导或协助完成一家上市公司的全面内控和风险评估体系的构建。

于是，在2011年12月份，我又跳槽到了一家中国的百强企业，在我毕业两年后正式跨入年薪10万元的群体，而我要学习的还有很多。我希望自己的知识在未来能够不断地充实和完善，我希望关心我的和我关心的人都能够取得好的发展，坚信财务人员的明天会更加辉煌。

当然，在现在看来，年薪10万元并不是什么不得了的成绩，特别是一些知名公司，譬如华为、腾讯、迈瑞、今日头条等，应届生起薪都是15万元以上，部分研发岗位甚至超过20万元，时代变化之快真是令人瞠目结舌。遥想我们当初即将毕业参加校园招聘会时，听闻某同学签约了4000月薪的"高"工资，我们那叫一个羡慕、嫉妒啊！

但两年之后，达到年薪10万元，对于我来说却是意义非凡。

首先，我是放弃了校招的工作机会，作为一个零经验的社会人，与有经验的社会人一起竞争，我竟然在财务圈存活了下来；

其次，我凭着自己的努力，从一个毫无经验的毛头小子，变成了一个经验有一些的职场人，从广州一家生产石英石的默默无闻的小厂走向了中国百强企业的国际化公司；

再次，我考取了一个像样的证书，在财务这个"靠证吃饭"的领域里，总算有了一技之长，再不会有人会随意质疑我的专业能力，更不会重蹈我的被开除的覆辙；

最后，我已经走在了同龄同学的前列，当大家多数人在湖北的大学城市里继续拿着每月3000～5000元的工资时，我实现了收入的绝对超越，并且还能够在一线城市与来自全国各地最优秀的人才一起奋斗、竞争。

我对未来越发充满希望。

## 【干货】

每个人都渴望获得事业上的成功，但却不是每个人都拥有获得成功所必需的事业心，不甘于现在的工作、薪资、职称都是事业心的体现，只有把事业心当成一项终身的追求，我们才会越来越靠近成功。如果我满足于深圳的第一家股份公司，两年的时间，我的工资至多可以由每月2000元增长到4000元，也仍然做着一家中小型企业的内审工作，也不可能有几年后做到上市公司财务经理，靠着自己的能力在深圳买房、买车的我。财务人如何获得事业心呢？

① 问问自己，希望五年后的自己是什么样子？然后拟定五年的考证、工作、家庭、生活、存钱规划。

② 看看身边人中生活过得窘迫的例子，试着把自己置入困难的境地。

③ 永不满足工作上的成绩，找到一个更优秀的人与自己对标。

④ 不断学习，让自己保持竞争力。

⑤ 尝试挑战新的岗位，用空杯的心态做工作。

# 中篇

工作 4—5 年,从骨干到主管:
月薪 8000 元到 12000 元

中篇

# 第 4 章

## 财务蜕变——直面职场，抓住机会

### 4.1 做空降兵：空降财务人的第一课——认识自我、了解我的上司

应该说，公司对人才的要求还是非常高的，"海归"以及知名公司挖过来的人才比比皆是，以我普通二本院校的"出身"本来是没有机会进入这家公司的。

来到这家公司后，开始有一段时间我还不是很适应。之前所进的两家公司，我都是直接隶属于集团稽核中心或内审部，而现在我是在财务中心下面。也就是说，我以前是审财务和业务的，现在我自己变成了财务人，成为被审计的对象。

【案例】

这是一家年营业额超过150亿元人民币的大型国有控股企业。这家企业成立并没有很久，但因为是政府引进的重点项目，各方资金大力支持，加上正赶上产业复苏的好时机，公司发展非常迅速，成立没有几年时间便开始盈利，建设速度和盈利速度都堪称行业奇迹。

这家公司的外资特征比较明显，因为行业的特殊性，公司大部分中层人员如科长、部长都被来自我国台湾地区和韩国的人士占据，VP（注：副总裁）以上高层人员更是来自不同国家。当然，公司CEO受集团派遣，在集团也是副总裁职务，CFO则是由政府直接派驻。

公司几千号人当时都在同一园区办公（当然，离开的几年里，其实我还是非常不舍的，还曾专门开车到公司附近近距离观察了一圈。公司这几年也发展得更好了，在附近又新买一块地建立分厂，在湖北也成立了子公司，还做了一些大的收购，之前的一些领导和同事也都分散在各处，担当更重要的岗位，这是后话）。当时财务中心下设管控部、财务部、资金部，每个部下面又设有相应的科室，如管控部下设预算管理科、成本科、费用科、内控与流程科，财务部下设税务科、总账科等，每个科由助理专员、专员、主任专员、高级专员、科长这几个岗位组成。

应该说，公司对人才的要求还是非常高的，"海归"以及知名公司挖过来的人才比比皆是，以我普通二本院校的"出身"本来是没有机会进入这家公司的。但为什么公司录用了我，我想一方面是自己发挥了内审人员擅长说服的特征，整个面试过程我都牢牢掌握着主动权，薪资要求也较上一份工资翻了倍；另一方面，在上一家公司的时候因为上班地点比较偏僻，又很少有业余消遣，我在孤独和无聊之余将"国际注册内审师"（CIA）考过了三门；如果再加一条的话，可能是上一家也是上市公司，虽然我只是在下面的一家分公司，但我是分公司唯一的内审，加上由总部审计部统一管理，我能够将自己描述得可以独当一面吧。以上列出的诸项优势，再加上我的简历一般会做得比较认真，特别是突出项目管理的经验，所以最终可以得到这家公司的垂青。

当然，在这之前，我也面试过许多其他的公司，有一些规模比较小、我曾经并不太看好的公司反而会拒绝我。但我觉得这些是所有面试者所必经的过程，我们没有必要因此而否定自己，这也是我去每一家公司面试时都尽力要薪资、要岗位的原因。如果一家公司认为我是合适的员工，是会想方设法匹配我要求的薪资和岗位。有一些"差一些"的公司拒绝我，并不代表我的个人能力被否定了，而是可能我的确不适合那一家公司，或者说面试者还不够"懂"我。

我是以内控与流程管控专员的身份进入公司财务中心—管控部—内控与流程科。科室一共四个人，助理专员一人，主任专员一人，科长一人，再加上我。

其实在这家公司的工作比较轻松，平时主要负责一些流程审核及涉及财务的流程讨论发起工作，也会做一些项目性的专题，如领导会临时要求调查某大宗采购原材料的采购执行及价格情况，调查公司的废物处理情况等。

来到这家公司后，开始有一段时间我还不是很适应。之前所进的两家公司，我都是直接隶属于集团稽核中心或内审部，而现在我是在财务中心下面。也就是说，我以前是审财务和业务的，现在我自己变成了财务人，成为被审计的对象。

在做第一个项目的时候，我曾经问科长："我究竟是应该以审计人员的角色去进行调查呢？还是以同事的身份和其他部门打交道呢？"

"我们在调查的时候还是谦虚一点，毕竟还是需要经常打交道的，就作为平等同事间的沟通了解。"科长这样回答我。

在财务中心时间越久，我愈发感觉到自己角色的变化，我已经由一个"内审人"变成了一个"内控人"。在此之前，我虽然参与了上一家公司部分内控制度的建立工作，但直到来到这家公司，我才知道什么是真正的内控。

## 【干货】

作为财务人,我们谁都不能保证自己会在一个公司做多长时间,既然面临换工作的问题,那我们就面临做"空降兵"的烦恼,上至财务总监,下至普通的会计。而要做好"空降兵"的第一课首先就是认识自我、了解我的上司。我们要明白:上司为什么选择我?希望我为公司带来什么价值或者解决什么问题?譬如:希望借鉴我的经验把这个岗位重新提上一个新的台阶;或者只是有人休长假期间需要临时接替一下工作,几个月后转到其他岗位;作为人才储备,为上市作准备……诸如此类。也就是说,应该是位清楚,自己是"救火队员"还是创新型人才?

面对不同的需求,下一步还要理清工作的思路。领导希望你在岗位上踏踏实实的,你做工作就不能太冒进;领导希望你充分发挥经验,你做事就不要遮遮掩掩;领导希望运用你的沟通技巧搞定上级,你就不要见到上级就认怂。新进入一家公司,我们不妨从以下几个地方着手。

① 询问上司对个人的期望、对岗位的期望。

② 客观评估自己的能力,满足上司的期望。

③ 熟悉公司和部门的环境、人员、业务。

④ 暂时收敛性格中刚强的一面,虚心向同事学习和求教,充分调研,切忌盲目开展工作。

⑤ 做好在新东家的第一个项目,就已经成功了一半。

## 4.2 职场竞争：职场竞争如何破
## ——化解职场危机，获得领导赏识

在我进入公司半年左右的时候，因为工作上的事，科长把我叫到她的座位旁，当着部门所有人的面，毫不客气地把我严厉批评了一顿，我甚至都不明白是怎么回事，部门所有人都对我投来诧异的眼光。这是我职业生涯中首次面对如此糟糕的情形。

## 【案例】

都说"新官上任三把火"，虽然我只是一名普通的专员，但是进入公司后就迅速地进入了角色，几个专题项目做下来，引起了公司高层领导的关注。虽然我没有直接参与汇报，但是从直属领导的反馈来看，报告还是起到了很好的效果。虽然也引发了一些部门的争执，但最后的改善效果也是明显的。

说到这里，有一件事我不得不说，就是在我进入公司半年左右的时候，因为工作上的事，科长把我叫到她的座位旁，当着部门所有人的面，毫不客气地把我严厉批评了一顿，我甚至都不明白是怎么回事。我当时认为自己工作上一直尽职尽责，如果有错误的话，只能说是一些工作方法的不同，但是不至于让科长对我大发雷霆吧。科长的批评最后直接变成了对我的辱骂，部门里几乎所有人都觉得不可思议，我也从开始的微笑应对，到沉默，到最后实在忍无可忍，愤而离去。我想，大不了这一份工作我不干了，但是这样的沟通方式我实在无法接受。

出去之后，我几乎犯了大多数职场新人都会犯的错误——我越级投诉了！

我给部长发了一封邮件，我说希望可以和部长聊一下，我想知道我到底犯了什么错误，需要如何改进。同时，我明确表示，自己来公司是想好好工作的，不想因为与工作无关的职场事务而闹得大家情绪失控。如果公司可以接受我，我还是会为公司继续好好工作，如果公司和科长包括您觉得我不合适，我会离开公司。

我们约了第二天在公司一楼的咖啡厅见面。大部分时间里都是我在"控诉"自己的委屈和不理解，也开诚布公地说明了自己的想法；最后，我将之前完成并提前打印好的关于对财务、内控的一些看法交给了部长。我想说明我是有能力的，我只想专注于工作，并不想参与任何职场争斗。

我至今记得非常清楚的是，部长并没有批评我，只是说会和我的科长沟通想法，并且会认真考虑我的建议。

从那之后，事情的发展竟然峰回路转，部长和科长再没有提过这件事，科长从此之后对我都是和颜悦色，我们又实现了和平相处。之后科长怀孕，而流程与内控科的主任专员因为考过了注册会计师提出离职另谋高就，部门的大小事务逐渐落在了我的肩上。

即使后来我被财务总监指定为部门科长，我也始终不明白当初为什么会受到前科长如此严厉的批评和指责，并且在我们关系缓和后我也没有询问。

一场看似不可调和的职场危机，就这样被化解了。如果我当初按照大多数职场新人的做法选择默默承受，或许又将是另外一番结果。

## 【干货】

在我们的职业生涯中，总会遇到各种脾气的上司，也会经常遇到各种各样的职场斗争。我们可以选择做一枚默默无闻的螺丝钉，领导说什么我就干什么，而且大多数时候确实应该如此。但是如果我们受到不公正的指责，而且有时候可能是领导不清楚事情原因对我们产生了误解，对于具有一定工作经验的财务人来说，则需要勇于表达我们的思想，在合适的时机作出解释,让领导可以对我们有一个客观公正的看法。适度的冲突,自己能够掌握得当,或许可以取得积极效果,形成峰回路转的局面。为此,作为财务人,我们要谨记:

① 职场斗争是财务工作者的常态,我们要正视职场斗争。

② 并不是每一个上司都会是合格的上司,但我们都应该做到和平共处。

③ 财务工作者不要只做一颗默默无闻的螺丝钉,要勇敢表达自己对事情的看法。

④ 工作不可有傲气,但不可无傲骨。忍无可忍,无须再忍。

⑤ 听话的财务不一定是好财务,不听话的财务也可以是好财务。

⑥ 出现职场危机并不可怕,处理得当,危机也会转化为机会和收益。

## 4.3 遛骡遛马：是骡子是马拉出来遛遛
## ——抓住表现的机会，一鸣惊人

当时整个集团组织一年一度的管理会计大赛，我所在的公司财务中心有十几个项目参与评比，领导安排了评比会并让项目负责人做十分钟的正式陈述，全体财务人员参与评比和投票，胜出的项目将筛选参加集团不同公司间的评比，而我之前一直不善于表达，大学的时候甚至还有些口吃。

面对从未经历过的挑战，我应该怎么做呢？

【案例】

在大家之前的印象中，我都是一位不爱说话、还很严肃的员工，也从来没有引起过财务中心领导的注意。可是后来有一件事，彻底改变了财务中心同事和领导对我的看法。

当时整个集团组织一年一度的管理会计大赛，我所在的公司财务中心有十几个项目参与评比，胜出的项目将筛选参加集团不同公司间评比，我报名了一个项目。由于事先准备充分，在公司内部评比会上超水平发挥，大家一致觉得我非常具有讲师范儿，财务总监当时也感到非常吃惊。赛后他评价道："小刘，你口才很好，项目做得也不错啊。"

后来，我报名的这个项目与另外两个项目一起参加了集团管理会计大赛并获了奖。借助这个项目的机会，我算是脱颖而出、一炮而红吧。

所以，作为一个财务人，善于表达自己也非常重要，哪怕是强制性的。大家可能不知道，我在大学的时候一直是有口吃的，特别是当我遇到比我优秀的人的时候，我会表现出不自信，说话也会吞吞吐吐。而经过这一次后，我发现自己具有了一个特质，就是只要我用心去做一件事，即使是自己不太擅长的领域，我也一定可以做好。这就是所谓的"世上无难事，只怕有心人"吧！

想起后来在其他公司也碰到类似的情形，当时我已经升职为公司财务经理并新接手部分付款的财务审核工作。某子公司销售助理人员给公司请款，备注中说明是预先请款，用于支付某子公司下个月的相关费用。流程已经过业务总监、会计，现在走到我这里，经过我的审核之后就会直接走到CFO那里并安排出纳付款。

我将流程驳了回去。

"小刘，你又在搞啥？为什么驳回我的流程？以前一直是这么走的啊，我们不知道为什么财务最近老驳回我们的流程，驳回之后我们就要重新走流程，而且会经过老板，这样搞得我们请款人员压力好大啊！"销售经理直接给我打电话抱怨。

好在我提前就和会计说明过，作为流程审核人员，虽然对于这一类预付款，我们并没有很多需要审核的资料，但是没有任何支持性凭证，我们如何判断付款金额的合理性？

为此，我们需要让请款人员补充请款费用计算的详细依据。我让会计以后对于此类业务都需要补充预算、计算表格信息作为附件。

"可是我们之前都是这么走流程的啊，你们财务也没有提出不同意见。小刘，怎么从你上任后就改规则了？而且也没有事先通知我们要这样做。如果你提出要这样改，需要你们财务发起OA（注：办公自动化）变更流程，说明以后这样的情况需要补充什么资料。"

我差点被这个销售经理怼得无话可说。

"首先，之前负责该流程的财务负责人已经离职，以后这一类事项都是由我审核，而你们近期很多财务流程被驳回，的确和我有关。之前此部分的审核做法是不合理的，我们发现了不足又怎么能持续使用？而且，作为付款审核人员，我们应该要通过审核判断请款金额及项目的合理性，很显然，在现在这个流程中，我们都是无法判断的，所以从今以后，此类请款必须要增加相关单据。至于谁去发起OA流程修改程序，你说是我提出的，所以需要我沟通IT部门更改流程。但我要告诉你，我是被财务总监授权的，那你是不是要直接找财务总监修改流程？其次，我并不建议这样做，这只是针对单笔特殊性质的业务的常规要求，作为业务发起人员，这是我们需要具备的基本意识，这是一个特例，而不是大批量的要求，所以建议你们按要求补充资料即可，并且以后也在提流程时补充单据，而不是通过修改IT流程来进行控制，得不偿失。"

因为我接手财务付款审核后严格把关，类似的情形比比皆是，业务单位开始有较多怨言，甚至向财务总监投诉我，财务总监不但没有批评，还表扬我加强审核、提出改进意见是好事，既控制了付款风险，对业务单位也是一种保护。自此以后，此类业务的请款流程逐渐规范了起来。

【干货】

财务人大多数都是踏踏实实隐在幕后做事的，并不像销售人员那样比较容易活跃于台前，这也是我们的职业特征使然，但这并不是说财务人员就应该放弃表现的机会；相反，正是因为财务人中善于表现的人少，我们才更应该在领导和公司需要的时候站出来，既是给自己加分，也是替领导分忧，也更容易获得领导的关注和信任。财务人该如何"表现"呢？

① 会议上勇于发言。

② 提前准备发言内容，做到对内容熟练、思路清晰。

③ 开会、培训的时候坐在靠前几排。

④ 主动承担工作任务。

⑤ 不墨守成规,工作中有创新。

⑥ 把别人不想做、不敢做而又不能做的事做好。

⑦ 越是领导关注的事,越应不仅是做完,更要做出彩。

## 4.4　勇于担责：敢说敢做
## ——让大家刮目相看

年底内控建设及评价情况是需要对各个部门进行考核的，并且在考核中占有相当的分值。刚好这个时候科长要休产假了，休产假前，她完成了大部分部门的内控评分并取得这些部门的认可，唯独基建部因为评分较低，所以虽然科长找了几次，但是基建部部长拒绝在内控评分项上签字，并且每次都要把科长大骂一顿。

【案例】

在这期间，公司聘请了"四大"会计师事务所对公司进行内控体系建设和风险评估，因为科长怀孕，我作为主要接口人参与了这个过程。年底内控建设及评价情况是需要对各个部门进行考核的，并且在考核中占有相当的分值。刚好这个时候科长要休产假了，休产假前她完成了大部分部门的内控评分并取得这些部门的认可，唯独基建部部因为评分较低，所以虽然科长找了几次，但是基建部部长拒绝在内控评分项上签字，并且每次都要把科长大骂一顿。如果基建部部长不签字，就表明内控评分无法正常进行。

科长休产假了，留下了此项工作。我是"初生牛犊不怕虎"啊，接手第一天就拿着评分表去到基建部部长办公室。我说："您看各个部门的内控评分都已经完成了，唯独剩下基建部，我今天冒昧地来找您，就是想把各个部门的评分规则向您说明一下。您看今年采购供应部内控评分最高，但是它们有20多项待改善事项，后面都一一进行了改善。当然，基建部没有那么多待改善事项，但是就是这些有限的待改善事项也都没有一一改善完成，所以评分就较低一些。"

基建部部长听我这么说，竟然二话不说在上面签了字，然后告诉我："我并不是有意拖着不签字，只是没有人和我说清楚这个评分是怎么来的，你今天这样一说,我就清楚了。"

没想到这个事情解决得如此顺利!以至于第二年科长产假过后来公司上班,第一件事就是问我是如何搞定基建部部长的。

当年,我的绩效考核等级是A。

当年年底,我又通过了CIA最后一门的考试,并通过了武汉大学在职会计硕士的考试。

## 【干货】

在大多数人的眼里,经理都是万能的,工作上任何搞不定的事都可以找经理,经理会想办法帮我们搞定。但是可能大多数人不知道的是,很多经理最讨厌的就是什么事就来找自己商量的下属。因为经理也知道,自己并不是万能的,他(她)也会担心遇到搞不定的事而难堪。经理喜欢的下属就是遇到事情自己思考、自己解决,并阶段性地将进展情况向自己汇报,经理针对性地给出一些指导或方向性建议,也就是执行人向实、经理向虚。

遇到经理不方便出头的时候,谁能够在这个时候站出来,谁就能让经理刮目相看。

① 帮经理说不方便说的话,如回击业务部门的话、向领导提要求的话、转达风险提示的邮件。

② 做经理不方便做的事,如参加各类沟通会、项目会。

③ 最后就是在特殊情况下,我们要敢想敢干,在部门展现个人的能力,树立威望。

## 4.5 华丽转身：你若盛开，蝴蝶自来
## ——野百合也有春天

财务中心下管财务部、资金部、管控部，而每个部门下面又分设若干科室，财务总监此次要提拔我担当的就是管控部下面的科室之一——内控科的副科长，而一旦提拔，我可谓实现了三级跨越，我现在本来的职务是财务专员，上面还有主任专员、高级专员。这样的晋升对于任何一个人来说都是可遇而不可求的。

【案例】

在2012年的部门跨年年会中，财务总监万总走到我的桌前，一只手端着红酒杯，一只手重重地搭在我的肩膀上，语重心长地对我说："小刘，我打算提拔你为副科长，通过最近一段时间我对你的观察和考察，你让我很欣赏！"

我着实被肩膀上的这只手吓了一跳，发现是财务总监后，我不禁激动地起身，对他毕恭毕敬地端起酒杯，财务总监借势一把揽住我的肩："我看见了，你整晚都没有喝酒，怎么，过得不开心？"

我猛然一惊，惊讶于自己的一举一动竟然被万总看在眼里，我确实不胜酒力。一般情况下，我是不会喝酒的。思忖间，万总面露不悦地说："怎么，想用一杯可乐就把我忽悠过去？"

"万总，看您说的什么话？我不喝酒，这是大家都知道的，所以刚才也没好意思主动去给您敬酒，不过现在，您都亲自过来了，那我就恭敬不如从命，我喝红酒！"我识大体地倒上一杯红酒，"万总，请！"

"好！喝！"万总面颊红润，声音洪亮！

万总是部门有名的工作狂，身为财务部门的负责人，他几乎每天晚上加班，而且由于他刚从集团调到这个公司担任财务总监时间不久，最近这

段时间每天忙于找每一个重要财务岗位的同事学习、提问。遇到每一个下属,上至部长,下至专员,万总可以整天"纠缠"在对方的旁边,问题接踵而至。以至于有些被他"纠缠"过的同事无不感叹地说:"惨了,我的所有东西都被老万学走了。"更有甚者,在开年会时,在大家抽奖的环节,万总却坐在年会现场的最后面,他专门让酒店给他准备了一张桌子供他继续办公。

财务中心下设财务部、资金部、管控部,而每个部门下面又分设若干科室,财务总监此次要提拔我担当的就是管控部下面的科室之一——内控科的副科长,而一旦提拔,我可谓实现了三级跨越,我现在本来的职务是财务专员,上面还有主任专员、高级专员。这样的跨越式晋升对于任何一个人来说都是可遇而不可求的。

巨大的成就感环绕着我,我的心如久合的蓓蕾遇到初晨6点的太阳缓缓绽放。这对我来说是一个值得纪念的时刻,仿佛我所有的努力被全世界承认,我工作中所有的困难都已烟消云散。我庆幸自己可以遇到像万总这样的领导,如果没有他的独具慧眼,在这个几乎只招收重点大学毕业生的大型国企,学历仅是二本院校的我只会是这个公司普通得不能再普通的一员。我无疑是幸运的。

## 【干货】

很喜欢一句话,叫"你若盛开,蝴蝶自来;你若精彩,天自安排",也喜欢"越努力,越幸运",幸运终会眷顾努力、勤奋的人,只要付出就无怨无悔,至于结果,那是水到渠成的事情。做财务工作也是如此,很多时候,我们只需要瞄准目标,保持愚公移山一般的专注力,终有一天,会收获丰硕的果实。野百合也会在春天绽放,但过程并不轻松。身为财务人的我们,如果也想绽放自我,就需要进行自我修炼。

① 保持对财务的专注力，在财务领域深耕细作；
② 保持对财务的持久性，不轻易跳出财务工作领域；
③ 保持对财务的学习力，财务工作就是一个不断自我提升的过程；
④ 保持对财务的张力，将财务融入生活的方方面面，解决生活中的问题。

## 4.6 逆向管理：向领导提要求
## ——工作四年，月薪 12000 元的财务主管初体验

会议完毕，我和部长一起吃饭。部长说："昨天万总参加公司的执委会（公司最高权力机构，类似于董事会）时，已经将内控主导地位确立清楚了，以后公司的所有内控工作由财务中心内控与流程科负责，也就是你这边负责，其他相关部门予以配合。"我这才想起，前一天在与部长及财务总监讨论完部门的组织架构后，两位都给出了部门的建议。我当时就邮件回复两位，建议明确我所带领的团队在整个公司上市公司内控体系建立中的主导地位，协调同审计部在内控工作上的分歧以及在与集团沟通过程中我们团队所扮演的角色。

### 【案例】

果然，年会后的一周，财务总监就开始兑现自己的承诺了。早上，财务副总裁的秘书来到我的位置，告知我马上到VIP会议室开会。我带上笔记本和笔快速走过去，秘书帮我开了门，财务副总裁正坐在办公会议桌的主持位置。财务总监万总见我到场，十分热情地招呼："来来来，小刘，我旁边这个位子是空的，来我这里坐。"其他十几位部长和科长对于这样一张新增的年轻面孔既惊讶又好奇。

这是我在公司工作一年多来，第一次参加每周的财务科长级以上会议，也是我第一次以管理者的身份参加财务中心组织的会议。一点点的自豪感，同时伴随些许的恐慌，我想这大概是每个初次进入管理层的管理者必须要面对的情况，特别是发现与会的十几位经理人中自己还是最年轻的一位，这种心情大概只有当事人才能够理解。

会议中，大家分别听取了几位部长对上周工作总结及本周工作的计划，中途财务总监会时不时穿插提问和补充，特别是提到预算管理、资金理财、香港公司、××收购等，我偶尔遇到不明白的地方也会提问。最后会议结

束，我留下来和几位部长、科长及财务总监讨论了一下公司的相关流程和授权分配问题。

会议完毕，我和部长一起吃饭。部长说："昨天万总参加公司的执委会（公司最高权力机构，类似于董事会）时，已经将内控主导地位确立清楚了，以后公司的所有内控工作由财务中心内控与流程科负责，也就是你这边负责，其他相关部门予以配合。"我这才想起，前一天在与部长及财务总监讨论完部门的组织架构后，两位都给出了部门的建议。我当时就邮件回复两位，建议明确我所带领的团队在整个公司上市公司内控体系建立中的主导地位，协调同审计部在内控工作上的分歧以及在与集团沟通过程中我们团队所扮演的角色。

没有想到，财务总监的行动这么迅速。我说："既然这个明确清楚，大家的职责就更清晰了，以后我们开展工作必将顺畅很多。"

"现在集团由谁在负责内控工作？"部长问。

"现在主要是集团结算中心的方总全面负责，同时下面还有两位具体接口人员，不过由于去年我们这边是由张科长在负责，所以我和集团那些人不是很熟。去年负责我司内控辅导的是德勤的李总，不过今年德勤的Erica已经升任经理，所以以后我们会比较多地和Erica打交道。今年集团还将推动海外内控工作的开展，加上新增的几个专业模板，今年的内控和风险管理工作任务还是很重的。"我在阐述工作的时候，总是习惯于先向领导说明现实情况和困难，在可能的条件下向领导索要资源。

"和集团的沟通这块你可以放心，我和集团结算中心的方总、刘总都很熟，到时候我可以协调，我过来之前负责过集团旗下另一家控股公司一段时间的内控工作，所以与他们比较熟。"部长显得胸有成竹。

第4章 财务蜕变——直面职场，抓住机会

## 【干货】

坐上主管的位置，既是对自己工作能力的认可，也是从事财务工作走向管理的第一步。事实上，由于财务主管起到承上启下的作用，往下可以深入公司经营业务的方方面面，往上对接财务中心或公司战略，所以财务主管这个岗位属于公司的中坚层。如果这一步走扎实了，就很可能做到财务经理，对整个职业生涯来说都会起到至关重要的作用。我们能够被任命为财务主管，自然说明我们有着过人之处，特别是个人能力一般是比较突出的；而财务主管由于已经走向了管理层，就需要完成从个人单兵作战向团队作战的角色转变。如何实现转变呢？就需要善用领导，向领导提要求、要资源，促进自己的职业转变。

如何向领导提要求呢？

① 说明工作中遇到的现实问题和困难；

② 充分准备、思考成熟，提出解决问题的方案，寻求领导的帮助；

③ 说明资源或人手不足，不要将所有的工作都揽在自己身上；

④ 选择合适的时机，提出要求前先评估必要性；

⑤ 如果需要的资源或要求没有被满足，不用沮丧，站在领导的角度思考被拒绝的原因。

# 第 5 章

## 财务心态——面对失业或待业的彷徨期，追求内心的声音

## 5.1 待业期财务心态：梦断深圳、回到武汉的无奈与不甘

我离开了这一家前途无量的公司，仿佛也和自己的光明前程告别了。我不知道后续还会遇到什么人，还会做什么事，此时此刻，我的心情是复杂的，也是坦然的。我知道，有些事，如果我不做的话以后一定会后悔的，哪怕是搭上自己的前程也在所不惜。只是，我对公司抱有极大歉意，我辜负了领导的栽培，在部门亟须人手的时候毅然决然而去。

领导、同事们不理解我的决定，朋友们也不理解我的决定。

【案例】

对于我来说，一切似乎都在向着最好的方向发展。与此同时，公司正在开始浩浩荡荡地进行组织架构调整，公司高层出现重大变动，原CEO辞职，集团派来一名新的CEO，行事风格与之前大为不同。新CEO到任后，在公司设立总经办，一些重要岗位负责人相继离职。

与此同时，各个部门内部也在进行着变革，首先是管控部部长升任总经办主任（总监级），集团从其他产业公司调过来一名新的部长——孙部长管理管控部，我所在的管控部下设的内控与流程科一分为二，内控与流程科得以保留的同时，公司单独设计审计部（这段时间原科长还在休产假，主要是由我在具体执行相关的切割与职责界定工作）。公司升任了一位台湾人担当审计部部长，原科长与另外两名同事都划归审计部。而于我，财务总监明确表示"其他所有人都可以过去审计部，但是小刘给我留下"。我就继续留在内控与流程科，只是我从一个团队变成了一个人，也意味着公司所有的内控工作都需要我来规划和操作。当然，财务总监也让我尽快将内控与流程科的架构重新搭建起来。

2013年年初，新部长孙部长上任没有多长时间，也许是投缘，我们经常一起吃饭聊天。

有一次部门内部会议上，部长宣布，财务中心这一次提拔了三个人，一个是财务部的小王（"海归"），由专员升为主任专员，一个是资金部的肖同事（公司项目管理班成员，重点培养对象），我们预算科的郑科长被提拔到总经办办公室担任部长。

听到孙部长的宣布，我还是吃了一惊，我首先想到的是，不是财务总监亲自告诉我会被提拔为副科长吗？而且我还一直有参加财务中心的管理会议，怎么新部长来了之后就不一样了呢？

会议下来之后，孙部长进一步向我解释，希望我这一次先委屈一下，部门下一次有提拔机会的时候再上。

毕竟是太年轻，我甚至想过去找财务总监问清楚原因。

与此同时，两年多纠缠不清、曾带给我无限痛苦和快乐，甚至还没有正式交往过的"前女友"宣布年后就留在老家，不会再回深圳，态度之毅然决然，丝毫不再给我任何挽回的余地。那段时间我像疯了一样，四处打探消息，终于知道原来家里给她介绍了相亲对象，在镇上有房有车，已经准备正式相处结婚了。

我还能说些什么呢？反观自己，我又有什么呢？租住着深圳一个月800元的"农民房"，用着"城中村"的天然气，睡着朋友送的上下铺的铁架床，囊中羞涩不说，更别提什么房子、车子，那对我来说根本就是遥不可及的梦想。

也就是在那段时间，有一天晚上，孙部长带着整个部门的同事聚餐，餐间我突然接到大哥的电话，说父亲的肿瘤复发了，已经在省肿瘤医院化疗。医生说这一次情况比较严重，而大哥、小弟在武汉干工地，也不能一直去医院照顾……

听着听着，我的眼泪就出来了，当天晚上公司聚会的时候，同事们明显感觉我的情绪不对劲。第二天一大早，几乎没有过多的思索，我就向领导提交了辞职报告，也告诉了原科长。大家都大吃一惊，想不到我会在此时作出如此冲动的决定。原科长告诉我，照顾家人不一定要辞职啊，你可以上班给家里寄钱，这也是一种照顾。

但是我一想到家中的情况，加上最近这段时间经历了太多事情，情绪低落到了极点。领导们见我态度如此坚决，也以最快的速度给我办理了离职手续。

就这样，我离开了一家前途无量的公司，仿佛也和自己的光明前程告别了。我不知道后续还会遇到什么人，还会做什么事，此时此刻，我的心情是复杂的，也是坦然的。我知道，有些事，如果我不做的话以后一定会后悔的，哪怕是搭上自己的前程也在所不惜。只是，我对公司抱有极大歉意，我辜负了领导的栽培，在部门亟须人手的时候毅然决然而去。

领导、同事们不理解我的决定，朋友们也不理解我的决定。

办理离职手续的那几天,我同时去办理了住房公积金提取手续,将公积金卡注销并取出了所有家当——17000元。办完离职手续后的当天,我在深圳最好的朋友之一刘胜和他的女朋友请我吃饭。在一家路边的大排档,我们吃着烧烤,看着形形色色往来的人群和"城中村"的灯红酒绿,想到我明天就要离开深圳,大家不禁有些伤感。

"你看看,2010年你来深圳的时候,我们去接了你,你每次搬家也是我们在帮忙,现在你要回家了,还是我在送你。"刘胜不无感慨地说。

"是啊,突然要离开深圳,我也是觉得蛮舍不得的,毕竟已经在这边这么长时间了,但是这次离开也是无奈之举。武汉也是不错的,说不定我回去一段时间又回来了呢。"在深圳时间不长,但是却经历了太多事情,我也需要时间休息一下,这次就当是给自己也放个假吧。

第二天,委托了另外一个朋友帮我办理退房手续之后,我便坐着高铁离开了深圳。跨过脚下的斑马线、坐上高铁的一瞬间,各种感情油然而生,不禁写了一首诗表达此时的心情。

**《斑马线》**

你,是我脚下的斑马线

跨过去,我便进入你的世界

静谧的生活,小资的情调

我于是满心欢喜,以为今生最美不过此刻

你优雅、活泼,而又娇气

待我真诚、热情而又投入

我告诉自己,这是我眷恋的地方

美丽、幸福,而有活力


有一天,你泪眼婆娑

## 第 5 章　财务心态——面对失业或待业的彷徨期，追求内心的声音

我看到，这个城市下起了雨

我不顾一切地闭上眼，期待雨后还会晴天

期待晴天后，我们还能爬山、看海

而你终于消失在，我脚下的斑马线

我低下头，迈向了和你相反的方向

朋友说，有人离开，我们还会陪你

来时这般，走时如此

这是哪里，我在这里

无奈的选择，或者被迫的放弃

那天后，我开始仔细看我、看你

曾经的愤恨、失望、绝望

在时间的长河里慢慢地消散

我作出一个最傻的决定，用金钱将你馈赠

我的城市从此不再弥漫你的气息

再经过高铁站这条斑马线

想起深秋的那个早晨

你再向我挥手，我却更加跨步地离开了

再见，深圳

再见，遥远的你

## 【干货】

每一个职场人可能都会有待业的时候。财务人待业要么因为换工作，要么因为家庭，要么因为考证，又或者是因为工作累了想休息一段时间。待业期短则十天半个月，长则几

个月甚至数年。

有的人进入待业期后心情容易不安，对未来充满焦虑，往往会在重新找工作的时候缺乏自信，最后将自己草草"签给"一家自己不满意的公司，或者在各种职业中（如代理记账、审计、微商、代购）频繁切换；有的人则会利用这段时间好好休息一下，让自己沉淀下来，思考自己想要的生活和未来，重新就业的时候上升到一个新的高度。如果确实决定待业，不妨思考一下：

① 待业的真正目的是什么；

② 是否做好了暂时没有收入的准备，待业期的生活如何保障；

③ 如果离开现在的公司，待业一段时间后，是否可以得到更好的机会；

④ 不要纯粹因为工作不顺或情绪低落而选择待业，要找到待业期真正值得做的事情；

⑤ 不要轻易选择待业，待业对职业生涯影响真的很大。

## 5.2 创业期财务心态：满腔热血，暂别职场

"那你打算和我怎么一个合作模式呢？"广×会计培训集团王总不会想到，眼前的这个年轻人，看起来25岁出头的样子，却敢直接找到自己来谈合作。怎么样的合作模式也许并不是她最关注的，但她对我个人的兴趣目前已经超越了她对这个课程的关注。

【案例】

在武汉的那段时间，有时候我也会无所事事，每当这个时候，我就开始静心思考自己的人生和未来的路。扪心自问，我是一个不甘于平庸的人，正当事业平步青云之时，却又一无所有地返回湖北，这种落差和不甘，令我苦恼而又迷茫。

"雄关漫道真如铁，而今迈步从头越。说的不就是我吗？"我静下来的时候会一遍遍地重复问自己。

也就是在那一段时间，我想出了一个自以为了不得的创业计划。当我把计划告诉朋友的时候，大家都认为我疯了，鼓励中也伴随着一些冷嘲热讽，还有人等着看笑话。没有人会相信，一个一无所有的人，一个只做了几年财务的我会选择创业。我甚至也觉得自己疯了，疯狂地痴迷于这样一个计划。

接下来的半个月，我拿着自己的计划书，每天穿梭于武汉大大小小的写字楼，拜访每一家大型的培训机构。而我发现，几乎很难见到机构真正的老板，见到的老板往往在简单了解后也会将我拒之门外。

太阳很火辣，我的内心也充满了狂热——对一个我认为伟大机会和计划的狂热。

记得有一次，我又在外面跑了一天，仍然是一个机构的老板都没有见

着。我驻足在马路边的报刊亭，武汉7月的风就像从烤箱吹出来的，迎面吹来却热浪逼人。我颇有些无奈地抬头看了看天空，目视的方向正是本地最大的会计培训机构的广告——广×会计培训集团，而继续往前看，发现机构办公地点就在广告牌前面。我决定进去碰碰运气，如果运气不好，这是机构的分支，我必定再次见不到老板；如果运气好……我还不敢想，这样的概率还是小的吧。

我走进这家培训机构，里面堪称豪华，进进出出的多是年轻的小姑娘。"或许在大家的眼里，我也是一个小帅哥吧？"我一边走一边想。"您好！请问您找哪位？"前台的女孩热情地招呼。

"我是来找一下你们的负责人，我是来和他洽谈合作的。"不仅没有预约，显然我也没有更好的话术。

"好的，请您稍坐！请问您贵姓？"前台女孩一边说话一边将我引到了会客休息室。"我姓刘。"我回答道。然后女孩就继续走到机构的最里面。过了一会儿，她走了出来："对不起，刘先生，我们的王总并不记得同您有预约。她问您确定和她预约了今天洽谈吗？如果是的，请跟我来！"

其实我确实没有和女孩口中的王总预约，我也不知道女孩口中的这位王总是哪位，但是机构任何一个带"总"的头衔总是可以令我瞬间精神抖擞。我和女孩来到了办公室门口，我一怔——董事长办公室。我恍然大悟，原来接下来要见的这位王总是广×会计培训集团的董事长，我顿时又惊又喜，情不自禁地捋了捋衣襟和裤脚。

"王总，这就是刘先生。刘先生，这位是我们的王董事长。"女孩介绍完就毕恭毕敬地侧身退出并将办公室的门带上。

"王总，很高兴见到您！我今天来是要和您洽谈一个企业内控内审方面的培训合作项目。"我开门见山。

"哦？我们正好有这方面的课程需要开设，一直都还没有找到合适的老师。说说你的合作项目。"眼前说话的这位王总微胖，但绝对是一位眼光犀利的女士。她50岁左右的年纪，一手停在笔记本的键盘上，一只手放在办公桌上，眼光直视。她显然对面前的这位年轻人所说的项目非常有兴趣。

"2008年，五部委相继出台了《企业内部控制基本规范》和《企业内部控制配套指引》，从2011年起，境内外同时上市的公司要实施内部控制建设并聘请具有证券期货职业资格的事务所进行内控审计；2012年在主板上市公司推行，并择机在创业板和中小板实施。今年是2013年，内控和内审在国内方兴未艾、如火如荼。"谈起上市公司内部控制，我如数家珍，几年上市公司和大型企业集团的经验让我在这个领域拥有绝对的自信和敏锐的市场洞察力，"而广×会计培训集团作为湖北省乃至全国最大的几家会计培训机构之一，尚未开展此方面的培训课程，不能不说是非常令人惋惜和遗憾的。武汉目前高校众多，如果能开展此方面的培训，一方面可以让广大在校学员取得国际认可的证书，另一方面，现在的市场还是空白，如果我们合作，按照20%的市场占有率，那我们的收益也是相当可观的！"我进一步补充道。

"那你打算和我用什么样的合作模式呢？"广×会计培训集团王总不会想到，眼前的这个年轻人，看起来25岁出头的样子，却敢来直接找到自己来谈合作。我想，怎么样的合作模式也许并不是她最关注的，但她对我个人的兴趣目前已经超越了她对这个课程的关注。

"我想在贵集团开展内控和内审方面的财务培训，我负责招生和提供培训，贵集团提供品牌和培训场地支持。每一期的培训项目结束后，双方按照约定的股权比率进行分成。"对于合作模式，我脑海中早已一清二楚。"这是我拟定的初步的合作协议，请您过目！"说着，我将事先准备好的合作协议递到王总的手中。

王总看完一阵冷笑："刘先生，你太自私了！职责和义务似乎非常不对等！我为什么要和你合作？"

"你们目前缺少这样的课程，我之所以选择合作的方式，正是基于双方的共赢，我相信我的课程和个人的能力是贵公司所需要的。作为一名国际注册内部审计师和武汉大学会计硕士，我拥有数年大型国企和上市公司内控内审的经验，而我本人也需要像广×集团这样的大平台。基于目前的现实考虑，股权分配上我们可以做到6∶4，但是所有的一切一定是基于我们的长效共赢，我也希望您可以慎重考虑我的计划。"对于王总的直截了当，我当时毫无预料，但是我并没有因此而自乱阵脚。

"说实话，我对这个合作项目非常感兴趣，但是目前我还无法信任你，而且我们目前正在组织这方面课程的招生，如果可以合作，我可以肯定地说，对你对我都是前途无量的，我们不妨以内控培训合作为切入点，但我们需要对你的课程结构、师资、授课方式、质量进行综合评估，然后才能评估合作的可能。"王总对我更感兴趣了，但她还是在犹豫。作为一家大型培训集团的董事长，她保持了一贯的慎重，"这是我的名片，你有其他想法的话可以随时跟我联系，上面也有我的邮箱。你先回家准备一下你的课程，我会让我的高级财务管理类课程负责人李主任和你联系，对你的课程进行评估和试讲，你的课程讲义准备好后发到我邮箱。"

"好的，那我回去准备一下。"话毕，我走出了王总的办公室，长舒一口气。

在接下来的几天里，我在出租屋内忙得不亦乐乎，其实之前并无授课经验，但凭借自己对内控知识和授课的理解，只用一个星期便制作出了全部课程的课件并发给财务管理课程主任，然后我去到广×会计培训集团和课程主任李老师面谈。

但是李老师的反馈却犹如一盆冷水泼在我的脸上:"刘先生,看过你的课件我们相信你在内控领域的水平。但是你的课程设计太复杂,不符合课程受众的水平。学员的水平多是小企业家或企业的一般财会人员,根本不可能听懂你的课程。建议你的PPT设计得更加通俗易懂一些,多穿插一些图片,简单明了地告诉学员应该怎么做……"

我很惊讶,自己用心制作的课程,竟然被无情否决了,但是李老师提出的建议却句句切中要害,让完全没有授课经验的我犹如醍醐灌顶。"我下周三有个一天的课程,财务管理系列课程之财务报表解读,你可以来听一下。"李老师如是说。

"好的,那我们周三见。"当天,我并没有和李老师更多地交流,但是李老师的意见已经让我知道了接下来应该怎么做。

周三,我去参加了李老师的财务报表解读课程,我找了一个居中的位置,像个普通学生一样安静地坐下。能容纳几百人的教室坐满了人,还不断地有学生涌进来,我在人群中显得那么普通而又渺小。学生进来听课都需要凭借听课证,而要取得当天课程的听课证,需要缴纳2000元的课程费。门口不断有学生打听:"今天是李老师的课程吗?""是的,今天是李老师的财务报表解读的课程,他讲得可好了,可要认真听!"在得到肯定答复后,有的学生不禁激动得哇哇大叫:"是李老师的课啊,真的啊,他讲得太好了,我听过他的从业班的课程,我太喜欢他了……"

"真是太疯狂了!"我心里想,每个人缴纳2000元就是为了听今天的财务报表解读的课程。此时此刻,我的情绪才被完全地带动起来,我坚信自己走出了正确的一步。上课的时间已经到了,李老师大步走进教室,目光有神,以迅雷不及掩耳之势用他犀利的眼神将教室一扫而过,猛地伸出右手,高举到头顶,然后蓦然下压,示意大家坐下并保持安静,再伸开两掌至裤子口袋处,向大家深深地鞠躬。

好一个闪亮登场,果然器宇不凡。我也着实被这样的气势震慑,又情不自禁地多看了这个李老师一眼。这个金牌讲师,非但出场仪式活力十足,而且面色白皙,一副金丝边眼镜恰到好处。简直太帅了!难怪有的女孩子都发出了尖叫声。

当天的课程自然非常成功,李老师的讲课属于那种绝对不给任何人提问的机会,但是又让任何人找不出破绽的风格,课堂上机智幽默的讲解,机敏的反应能力,如同机关枪般的伶俐口齿……我第一次听到这样的课程,这样的教师风格,我的整个思维都跟着李老师的课程飞速旋转,直到课程结束,才如飞轮落地。李老师的课程结束后,我去到他在这边的临时办公室,两个人又对我的内控课程进行了探讨,良久,我才离去。

回到合租的房子,我花了两天的时间把课程PPT重新修改完成并发给王总和李老师,当天得到的反馈是基本可以了。我的一颗悬着的心才稍稍落地。期间我去了一趟我的大学所在的城市,我想象着与三五个志同道合的好友,做一项轰轰烈烈的事业。

【干货】

创业不是一件容易的事,尤其是财务人创业,路径非常窄。财务相关的创业项目有以下几种:①开设代理记账公司;②全职或兼职财务讲师;③开办会计师事务所、财税咨询机构;④开设培训机构;⑤自媒体,包括直播课堂、公众号、写书、专业咨询等。财务人创业往往是在积累一定的经验和资源之后开始的,可以全职,也可以选择兼职。全职创业的压力会非常大,如果又缺少相关经验的话,往往是以失败告终;如果水平较高、经验丰富,选择兼职创业(如提供网上财税培训、兼职代理记账),增加收入也是一个可以考虑的方向。兼职创业没有压力,容易偷懒,也很难做大做强。

第 5 章 财务心态——面对失业或待业的彷徨期，追求内心的声音

我在工作的前十年围绕财务陆陆续续开展了多次全职或兼职创业项目，尤其是在武汉和机构洽谈培训合作的过程中，是一个不断挑战自己又不断否定自己的过程。在这个过程中，我体会到了前所未有的成就感，当然也伴随着失落感，当时还面对家庭、经济各方面的压力，所以我的失败在现在看来也是必然。不是每个人都适合创业，也不是每个人都具备创业者的心态。

① 问问自己：是否确实做好了资金、项目、资源、能力等各方面的创业准备？还是说只是一时冲动？

② 全职创业需要充足的资金准备，孤注一掷不适合财务创业；全职创业前建议先做兼职准备。

③ 选择合适的创业项目，不做自己没有经验和准备的项目。

④ 客观认识自己的能力，打造团队，团队的智慧更容易取得成功，独自创业打拼的压力会大得多。

⑤ 寻找可能的资源。

⑥ 创业应该以不影响现有生活质量为前提，给自己留有余地，不做豪赌式的创业，坦然接受创业的成功和失败。成功时乘胜追击；失败时则果断收手。

## 5.3 挫折期财务心态：北京面谈项目，再吃闭门羹

"那好吧，今天我们就先聊到这里，你赶紧进去上课吧。"说完，我和麦克挥手作别。出了酒店大厅，巨大的耻辱感包围着我，我不曾想到，应麦克的邀请，自己专程从武汉来到北京，却是在这样一个不正式的场合会面，而且会谈时间如此之短，不足半个小时……

【案例】

毕业四年，我第一次返回母校——长江边上的一所普通本科院校。四年时间，说长不长，说短不短，母校的变化也是巨大的：由四年前我刚毕业时的二本大学升级为一本重点大学；以前一直未曾解决的大门修建完成；南苑宿舍旁新增了许多栋楼房；曾经环校的小河沟终于通畅宽阔变成了湖面；曾经霸着不走的"钉子户"也已经搬走了……

但是我的游说并没有像母校的变化一般诗情画意。我要游说的两个人都是我的大学同学，两个人都是读书时大学里的风云人物。

同学林某，是一名非常优秀的男孩子，读书时是院党支部书记、院学生会副主席，毕业后一鼓作气考取了注册会计师。

同学肖某，女，读书时是院学生会主席。

大学时，我曾和肖同学还有另外几个其他学院的同学一起合作过项目并参加过全国大学生创业计划竞赛，拿到过湖北省一等奖和全国铜奖。

但是只吃过一顿饭，我就已经知道我目前在做的这个培训项目已经不能像大学的合作创业项目那样了。大家工作了，心态也变了。用林同学的话说，工作四年，存钱买了房，考完了注册会计师；几年后到集团下面的子公司再兼职一个总会计师也挺好，拿着两边的工资；再以后就去武汉买个房子，现在本市到武汉的动车开通了，坐车往来很方便。

是啊，以普通人的眼光看来，林同学现在已经做得很不错了，作为我

们大学同学中的佼佼者，毕业后又考取了注册会计师，在本市最好的国企之一的总部任职，通过自己的努力在本市买房，事业上可谓风生水起。而我的项目风险太大，随时可能胎死腹中，还没有工资，仅靠一股创业的激情是不够的。虽然我们大学的项目就是纯粹靠激情做下来的，但是毕业了，我们已经过了感情用事的年龄，诗和远方终究可望而不可即，或许时机确实还不成熟，可是生活还是要继续。

肖同学，大学的风云人物，现在已经完全习惯并享受这个小城带给她的慢节奏的小资生活。她当天晚上带我到朋友开的一个咖啡厅，大家一起轻松地聊天，音乐、书籍、咖啡、游戏，读书时的我没有享受过这样悠闲的生活，毕业后的我也没有享用过。作为老同学，作为曾一起并肩战斗过的伙伴，我和肖同学无话不谈。她毕业后的前几年在一家公司担任董事长助理，后来也兼职和朋友创业遭遇失败，风雨过后，生活总算归于平静。

是啊，我们每个人都有梦想，每个人都会描绘梦想，但是想着要实现梦想的时候，我们三心二意又退缩，我们虚伪又现实，我们每个人都是为梦想而生，而最后大家都争先恐后地为梦想而死。

也许毕业了，大家最初的梦想就已经开始半死不活。

第二天，我就回到了武汉，沮丧而又失落，一腔热情被冰冷的现实击得粉碎。当天，我收到北京一个咨询公司的合伙人的电话，我们两个已经联系了很长一段时间。这个合伙人希望我可以帮他做一个上市公司的内控咨询项目，价格不菲。用这个合伙人的话说，他是帮朋友的公司做，相当于是他的私单，是不方便自己出面的。

从母校返回武汉后的次日，我便又风风火火、满心期待地来到祖国的首都——北京。这是我第一次去北京。

经过五个小时的高铁行程后，我顺利抵达北京，还没有来得及放下行李休息，我就赶到约定的某五星级酒店，那个合伙人正在商学院上EMBA

（注：高层管理人员工商管理硕士）课。见面后，两个人进行了简单的寒暄，互相交换了名片——麦克，北京××会计师事务所合伙人。

"我们的项目介绍我已经发送给你，你应该已经都了解过了。这个项目是我帮同学公司做的，所以希望能做好。课程一会儿就开始了，时间可能有点赶，你能不能谈谈你对这个项目的看法？"麦克看了一眼我，又看了一眼手表。

"我觉得吧，对于这样的工程企业，我们还是要对照内控规范去一步步地做，从业务流程出发，建立规范的操作流程……"

"麦克，快点快点，时间到了，要上课了！""麦克，严教授要开始点名了！"在交流过程中，不时有同学出来和麦克打招呼，并催促他赶紧去上课。

"好的，好的，马上就来，和我朋友谈点事情。"麦克边说边打断了我，"我，实在不好意思，今天的课程老师很严格，我现在得进去了，具体事宜我们下去后再沟通吧。"

"那好吧，今天我们就先聊到这里，你赶紧进去上课吧。"说完，我和麦克挥手作别。出了酒店大厅，巨大的耻辱感包围着我，我不曾想到，应麦克的邀请，自己专程从武汉来到北京，却是在这样一个不正式的场合会面，而且会谈时间如此之短，不足半个小时……

"你麦克的课程重要，当初可是你主动找到我，我可是请假专程来北京和你谈项目的事情，我周末本来也有课程，我的MPACC课程！"走在北京的大街上，汗水湿透了后背，我越想越生气。我给麦克发了一条短信：麦克，今天很高兴见到你，但是通过刚才的交流，我感觉目前不适合做这个项目，希望以后有其他项目可以再考虑合作。

过了几秒钟，我收到麦克的短信回复：今天实在抱歉，因为要上课，没有好好招待你，那希望以后可以再有合作机会。

从深圳辞职回到湖北后，我便将研究生深圳班的课程转到了湖北本校上课。能够在武汉本校上课学习，我自然十分珍惜，想到上次为了和麦克见面请假两天,我已经悔恨不已。当初为了能够考取该校研究生,我也是极其认真地准备过的。我仍然记得考上后,由于不能刷卡交学费,我跑到银行分两次把自己工作几年积攒的5万块钱全部取出来,可是仍然不够,当时MPACC研究生的课程学费是8万。最后,我还找朋友借了几万块。所以折合下来,一天的课程就得花费上千元!

我渴望有一天,可以继续像个少年,在洒满阳光的草坪上无忧无虑地看书;我渴望有一天,可以继续奔跑在大学的操场上,像个孩子;我也渴望有一天,在樱花盛开的地方,遇到一个丁香一样带着愁绪的姑娘……

可现在的我,内心充满的只有焦虑。

## 【干货】

常言道,"幸福的夫妻,也会有一万次离婚的冲动",更何况是工作。我们每个人可能每年都会萌生几次离职的想法,为什么会有离职的想法呢?归根结底还是因为在财务工作中常会遇到挫折,棘手的工作、限时结账、数据口径、领导批评、业绩压力等,这些都可以令我们产生挫败感;更何况我们还面临生活的压力、换工作的压力、创业的压力、考证的压力……财务人遇到挫折的时候,很多时候可能并不是自己不够努力,而仅仅可能是自己的眼界还不够开阔、思想还不够成熟所致。这些挫折和压力也许会随着时间的推移和我们经验的积累而迎刃而解,千万不要因为遇到挫折而对自己全盘否定,而应该在挫折中进步,在挫折中强大。

① 分析产生挫折的原因是外在因素还是自身原因,然后调整目标。

② 挫折可能是因为不切实际的希望导致,财务人不应该"好高骛远"而忘记了脚踏实地。

③ 做任何事不可以一条道走到黑,如果发现方法和目标不对,或者与期望存在差异时,应该及时"止损"。

④ 保持良好的心态及对自己个人能力的极大信心。

⑤ 遇到挫折时,寻求身边有经验人士的建议。

# 第 6 章

## 财务思维——财务思维决定生活幸福指数

### 6.1 财务知识活学活用之买房：买房也有财务模型，3万元深圳买房记

我坚信自己的观点和分析模型。还是那句话，并不是因为我比别人有钱，相反那时候，我比绝大多数人要穷得多，我翻遍了所有银行卡只有3万元，那是我工作几年的全部存款，那时候我刚到新的单位，收入也不是很高。有人揣测原因可能是我千辛万苦地在深圳上班、存钱、奋斗……最后终于攒了3万元，加上家里长辈们支援的40万元，我在深圳顺利买了房。然而事实并不是这样的。

【案例】

做财务的人，具备跳跃性思维有时候很重要，可以让我们不局限于数字本身思考问题，而可以将数字与我们生活的点点滴滴联系起来，举一反三，触类旁通。如果我们只是就数字而看数字，往往会错过很多身边的精彩。

2014年底,我作出了一个让所有人都无法理解的决定:我要在深圳买房。

众所周知,2014年全国房价普遍处于下跌的态势,深圳更是如此。但我说干就干,当时专门写文章论述我要在深圳买房的理由。现在看来,虽然有一些观点不尽合理,甚至还有夸大的成分,但我们做事不都是这样吗?大胆推理,小心求证。如下是我当时的判断依据。

### 《从财务的角度论证我为何在深圳买房》

众所周知,北京、上海、广州这三个中国一线城市的经济最为发达,人口最为密集,房价高企。深圳作为中国改革开放的前沿阵地,房价也是扶摇直上,现在关内房价均价超过3万/平方米,对于一般的上班族来说,在深圳买房是一个可望而不可即的梦想。因此在深圳拥有房产,已经俨然成为富人、土豪的象征。特别是随着大城市户口取得难度的加大,生活成本的上升,出现越来越多的"逃离北上广"的声音,但是仍然有相当部分致力于在深圳等特大型城市长期发展的青年才俊希望在此置业。如何才能在深圳等城市买得起房?是否有必要在深圳买房?这些都是很多人关注的问题,今天我从财务的角度予以论证。

(1)房价高企与地方政府对土地财政政策的依赖紧密相关。大家查阅相关的资料会发现,在我国的很多城市,地方财政收入有相当大的比例来自土地使用权的买卖。因此,只要土地使用权买卖行为继续存在,房价就很难出现大幅下跌(大家不要被近期房价下挫的形势所迷惑,这只是短暂的调整,调整不等于下跌)。

(2)房地产商建房资金来源左右了房价水平。大家可能知道,大的房地产公司资产负债率普遍在70%以上,就是说房地产公司的钱绝大部分都是找银行借的,他们就是拿别人的钱盖房子,然后再卖给买房的人,所以部分房地产商是宁愿不卖房也不会降价去卖房。因为如果房子降价了,房地产商们可能连银行的贷款利息都还不上,万一房子都烂尾了卖不出去银行也玩完,所以房地产商们不怕。房地产商和银行就是"捆在一根绳子上的蚂蚱",房子降价了,大家日子都不好过。

(3)黄金保值增值能力的下降。如果大家去认真研读一下宋鸿兵《货币战争》一书,或许能够理解,为什么前一段出现那么多"抢购黄金的中国大妈",黄金为什么出现历史性巨跌。黄金保值增值能力的下降、美元对自身地位的巩固、人民币对内进一步贬值、国人投资渠道有限、股市风险太大,各种因素使得房地产保值增值的能力进一步增强。

如果大家认识到出现上述三大经济现象的根源,或许就不会再对短期内房价下跌心存幻想,有人会说现在人口老龄化、国家反腐力度加大或许是房价下行的拐点……这都是悲观人士忽悠不懂经济学的"童鞋"的手段罢了。

但是房价走高是不是就说明房市没有泡沫?不一定。我们可以借助一个简单的分析工具——价租比,即$P/R$(Price to Rent,指房价与月租金的比)来判断。如果该比值太高,就类似于股票里面的市盈率过高,说明房价存在泡沫。

以我买的房为例。我购房80平方米的总价是160万元,这样一个两室一厅的房子,在龙岗中心城附近的月租金在2500元左右,那么我这套房的$P/R$值是640。因为这是月租金,如果换算成年租金,则需除12,即53,也就意味着"出租最快53年回本",换算成投资回报率则为1.89%。大家觉得怎么样?

我们一般认为,如果房子的价租比超过300(即25年回本),说明该区域房产投资价值变小,房价被高估;如果低于200(即17年回本),则说明该区域投资潜力较大,房价泡沫不大。这两个数字分别相当于投资回报率多少?答案是4%和6%。经过计算,大家看,我购房的年投资回报率不到2个点。得,有人会说,按照你的算法,还没有银行一年期存款利率(3.03%)高,不如把钱存银行得了。在中国,因为有太多的炒房客,他们买房子往往看重的是房子升值后转手的差价而非租金,这样价租比就失灵了。这就如同买股票不看重公司收益一样,只寄希望于卖得更贵。所以说,之所以存在房地产泡沫和股市泡沫,归根结底是投机者太多而内行人太少。

上述例子说明什么?说明房地产有泡沫,有泡沫不说明房地产不坚挺,"北上广"一带的房子 $P/R$ 值是640,而那些内陆及二三线城市如合肥、长沙、武汉、青岛等地区房价的 $P/R$ 值在300~400之间。随着城市化进程的加快,它们上升潜力巨大!

分析了半天,我估计有些人都看糊涂了,我最终的观点就是买,不顾一切地买,刷爆了信用卡也要买。1992年邓爷爷曾说,经济发展不能像小脚女人一样。看准了的,就大胆地试,大胆地闯。习主席2018年来访深圳也提到,发展要再快些,要把改革放在首位。大家从这些讲话中看出什么了吗?

大数据我们不懂,可阿里巴巴上市,马云成为中国首富,作为高科技公司排在世界第四,所有这些距离我们并不遥远;服务、科技、改革、创新是当代的主题。作为普通大众,我们应该享用时代初期的原始盛宴,一旦错过,再难寻觅。

1979年,那是一个春天,有一位老人在中国的南海边画了一个圈,神话般地崛起座座城,奇迹般地聚起座座金山。

2014年,那是一个秋天,我在深圳的东南边也画了一个小圈……

在当时很多人看来,我的观点可笑至极,自然也有许多质疑或反对的声音。

我坚定于自己的观点和分析模型。我买房并不是因为我比别人有钱,相反,那时候我比绝大多数人要穷得多,我翻遍了所有银行卡只有3万元,那是我工作五年的全部存款。那时候我刚到新的单位,新单位的年收入不到15

万。有人揣测原因可能是我千辛万苦地在深圳上班、存钱、奋斗……最后终于攒了3万元,加上家里长辈们支援的40万元,我在深圳顺利买了房。然而事实并不是这样的。

财务工作所需要的灵敏的财务思维和市场嗅觉给了我启发。

为了买房,我可谓颇费周折、险象环生。

(1)购房门槛问题。3月份筹划购房,但是到处看房后,中介的人却告诉我不具备购房资格,原因是我前一年回武汉断了几个月的社保,又不是深圳户口,所以不能在深圳买房。于是我等到8月份,终于在大学同学的帮助下成功入户深圳,也才有了我的深圳购房资格。

(2)资金问题。购房门槛问题解决了,要筹钱买房啊,可是手头资金有限,怎么办?我想到了银行贷款。但是我找银行贷款的时候,银行说我的个人信用一塌糊涂,信用卡有7笔逾期记录,其中有的逾期超过90天。我才记起来刚毕业那会儿没把信用卡当回事,经常透支又不按时还款,银行是无论如何也不会贷款给我的,如此一来,几乎再一次断绝了我的购房梦想。万幸的是,我打电话咨询给那家显示我信用不良的某商业银行,通过申请注销那张信用卡,一个月后终于消除了我的信用不良记录。

(3)贷款担保问题。银行贷款的话需要公司里几位职员互相担保,但是公司里的几位同事都不愿意为我担保,担心我的还款能力有问题。唉,这也难怪,担保是要承担连带责任的,谁都有后怕。于是我就多花了几千块钱购买了一个贷款保险,这样,银行最终才放款给我。虽然放了,但是拖了很长时间,直到我房子都买好了贷款还没有下来,好在我提前做好两手准备找亲戚朋友借了十几万元周转半个月(半个月后,我就按时还给了亲戚朋友),不然的话房子也是买不成了。

(4)选房问题。我看中的房子位于深圳发展潜力较大的一个新区且地段较好的位置。那里正在规划三条地铁线,楼盘下面就是中心公园。当然，那里的房价也是新区最贵的（15000元/平方米）。周围有几个已经成熟的楼盘，我观察了这些楼盘的阳台，发现入住率在90%以上，我所在楼盘学位也不错，以后子女上学无忧。开盘当天，我早上9点就到了现场，取号时才发现前面已经排了100多号人了。按照这个趋势，我是肯定选不到自己想要的户型的。正在此时恰好遇到我的一个同事买房，他是第8号，于是我就说是帮同事看房的，我们是亲戚，和同事一起进去最终选到了我想要的朝向和楼层。

**（5）购房折扣**。按时签约交首付款可以打9.9折，刷某银行信用卡2000积分可以抵20000元。按时签约付首付我是做不到了，还在等银行的钱。于是我和我的银行客服经理打好招呼，给我一个月的宽限期，同时依旧可以享受9.9折，那个经理给我争取后上面领导同意了，这样我就有了一个月的缓冲期。可是我还没有某银行信用卡啊，更别说2000积分（消费20元积1分）。于是我赶紧去办了一张该银行信用卡，并让同事购物啥的都刷我的，让高中同学也用我的信用卡网购。结果却是很多消费都不算积分。快要到签约时间我只筹集了300积分还不到。我天天在办公室念叨此事，结果一个同事说他有1万多积分，能不能在系统里买了后把激活码发给我用？我一想，应该可以啊，就像团购电影票，你有激活码就应该可以用了啊，没有说一定是我的信用卡积分买的激活码吧。向销售经理一打听，他们果然只认激活码不认人。我就顺利享受到了2000积分抵20000元的优惠。

**（6）钱，还是钱**。距离交首付款的日期就剩下3天，我还没有筹够钱，还缺几万元，银行的贷款又没下来，那个时候又没有大额信用卡可以刷，只能又硬着头皮向亲戚借了几万元。

11月一个阳光明媚的下午，我一个人悄悄来到了售楼处，大笔一挥，完成了签字付款。办理完首付手续的第一时间，我给好友刘胜打了一个电话，刘胜非常惊讶地问:"你是哪里来的30多万元啊?这就买定了啊?"

"运用财务杠杆啊!"我倒是非常淡定,"是的,已经付完首付,买定了。"

## 【干货】

生活与工作是可以相互关联的,将财务专业知识与生活结合起来也是非常有意思的一件事,特别是做了财务分析之后,我对数据的敏感度以及对财务模型的研究和理解就更加深刻了。我曾经运用自己建立的财务模型购房,也在后来通过学习股票估值的知识进行股票分析与理财,都还取得了不错的成果。做财务其实特别有益于我们进行系统思考,如果我们能在思考的基础上总结出事物发展的规律,活学活用,可以提升我们未来生活的幸福指数。

① 根据我的经验,大多数财务人在大学毕业五年左右可以在大城市买房定居,我们一定要坚定信念,对未来充满希望。

② 买房要视自己的需求和能力而定,如果跳一跳能够够得着才是最好的,不要等到存够钱再买房。

③ 财务模型可以运用于生活的方方面面,如买房、投资店铺、家庭理财、股票投资等。

④ 财务人也需要多思考,相信自己的判断并坚定目标,买房如此,工作也如此。

⑤ 我在买房的过程中遇到重重困难,但我没有退缩,因为我目标坚定,如果任何一个困难都将我打倒,我就不会最终成功。也许这一点值得与大家分享:历经困难之后的成功才是最有成就感的。

## 6.2 财务知识活学活用之理财：建立家庭理财模型

如果我们想要摆脱"被掏空"的"中产阶级陷阱"，就需要尽早建立家庭理财规划的模型。我的建议是赶在参加工作后的5—10年之中。每个人根据个人情况的不同，可以有所提前，也可以有所滞后。但我们都需要购买到真正的资产，不再为资金而消耗掉自己的宝贵时光。

家庭中最需要考虑配置四类资产。

【案例】

**无论身处何种阶段，大家可能都会有相同的感受，就是赚钱的速度赶不上花钱的速度。**

在参加工作后的前三年，我们没有太多的花销，但是因为处于事业的起步期，这时候的工资一般比较低。如果不是特别节俭的人，是很难存到钱的，特别是从农村走出来的一代知识青年，可能还有大学时的助学贷款需要偿还；如果有女朋友的话，则谈恋爱的成本也是一笔重要开支。加上房租、逢年过节孝敬父母等日常支出，前三年基本处于"月光"的状态，有些人甚至还需要父母的贴补。

在工作3—5年后，我们的事业进入上升阶段，大部分人的薪资已经大幅提升，开始有了一定的结余。但这时我们陆续进入谈婚论嫁的年龄，开始筹备结婚和买房。如果两边家庭都有一定贴补的话，买房、结婚事宜即可顺利成行，不然的话，不仅小两口没有了结余，还可能会透支未来几年的收入。

参加工作后5—10年，我们的事业进入黄金阶段，部分同行做到了中高层管理岗位，薪资、岗位都成为行业佼佼者。但这个阶段大部分人已经有了小孩，家庭开支也大幅提升，有一部分女性会选择暂别职场做起家庭主妇，家庭中赚钱的重担便全部落在了一个人身上。其实这个时候的家庭压力是最大的，也是一个家庭最容易聚集矛盾的时期。我认为这也是最容易出现财富分化的一个阶段。

工作10年以后的状况，基本上是前10年各方面积累成果的集中体现。大家的发展状况不一：有的步入中产阶层；有的实现财富自由；但是还有的可能继续挣扎在疲于奔波的"生存线"上。

看到上述情况，大家是否会产生深深的绝望和忧虑？仿佛在前10年的任何时期，我们都会陷入一种"被掏空"的状态，这就是所谓的"中产阶级陷阱"。如果真是这样，那我们的人生该是多么无趣！

何为"中产阶级陷阱"？站在财务资产负债表的角度来看，富人阶层总是购买资产，中产阶层总是购买自以为是资产的负债，低收入阶层只能应付各种账单和负债。在现金流中，所谓的资产就是可以不断增加你的现金流的物品，如果它会使你的现金流减少，那它就是负债。小汽车和平时很少用到的高档奢侈品就是人们经常购买的自以为是资产的负债。

很多人就是不断努力工作，寻求升职加薪的机会，目的都是让生活变得更舒适，不断购买更大的房子、更好的小汽车，追逐各种高档奢侈品牌，在升职加薪之后又会购买更多自以为是资产的负债，收入增加的同时，负债也在不断增加，自己或者家庭抵御风险的能力变得极低。

谁能够摆脱"中产阶级陷阱"，实现不再需要为资金而出售自己的时间，谁就达到了财务自由的富人阶层。

所以，如果我们想要摆脱这种"被掏空"的"中产阶级陷阱"，就需要尽早建立家庭理财规划的模型。我的建议是赶在参加工作后的5—10年之中。

每个人根据个人情况的不同,可以有所提前,也可以有所滞后。但我们都需要购买到真正的资产,不再为资金而消耗自己的宝贵时光。我认为家庭中最需要考虑配置的四类资产如下。

**(1)现金资产(包括家庭和个人银行存款)**。现金资产是最优质的资产,可以用于任何消费、投资及应急之需,但因为现金资产的收益率极低,不能或只能产生少量的现金流,所以家庭中不宜保留过多的现金。这个其实与公司不宜保留过多现金是一个道理,过多的现金会导致公司资金使用效率低下。但是,家庭中又不宜为了控制现金金额而采取盲目消费,如购买自以为是资产的负债,如汽车、高档奢侈品。盲目消费就如同公司盲目扩大生产或投资,如果市场跟不上或者被投资企业效率不佳,轻者吃掉公司利润,严重者可能对公司形成严重拖累。

我身边就有一些朋友每年换一部苹果手机,家庭使用的也全部是苹果电子产品,但就是没有钱买房,这是典型的资产配置失误;还有一些高净值的朋友,由于年龄偏大,收入较高,现金流出奇充裕,全部留作现金使用,这是典型的资产配置过于保守的体现。所以在进行家庭资产配置时,太激进与太保守都不太合适。

**(2)股票资产**。说实话,在中国想通过股票赚钱太困难了,市场阴晴不定,行情更难研制,今年的投资明星,到了明年就可能成为亏损大户。这样的案例屡见不鲜。还是那句老话,"鸡蛋不要放在一个篮子里",尤其是做股票投资,千万不能有"赌一把"的心态;更不可取的是,不只自己的钱全部用于炒股,甚至还借钱加杠杆。这都是极度危险的投机行为。

如同我们玩QQ斗地主,系统给我们每人分配1000个欢乐豆,我通常会在200个豆一局的房间玩,并且由于玩得多、技术也好,我赢了别人的欢乐豆,我的欢乐豆逐渐增加到了5000;这时候我就觉得再在200

个豆一局的房间玩已经没意思了,于是我就去到1000个豆一局的房间玩,由于胜多败少,我的欢乐豆快速积累到了30000;这时候我就有点飘飘然了,为了追求刺激,证明自己的水平,我又去了5000个一局的房间,发现这里的高人真多啊,没有玩几局下来,我的欢乐豆输得只剩下12000个了;可是我不甘心啊,于是我就去到10000个欢乐豆一局的房间,幻想着一局就把输了的欢乐豆全部赢回来。最后的结果可想而知,我不止输掉了10000个欢乐豆,还强行逃出了房间,剩下的2000个欢乐豆也被系统没收了。

股票市场的残酷尤甚于QQ斗地主,有时候不是谁的技术好谁就可以赚钱,我觉得更多的是比拼炒股人的心态。当然,作为一个价值投资理念的忠实拥趸,我相信选择价值被低估并有相当市场前景的股票,在合适的价位买入,拥有长期持有的心态,是可以获得长期超额回报的。

对于普通家庭来说,20%的资产用于股票投资即可,不可以再多。当然,如果本公司有股权激励的计划,则另当别论。那是否应该购买相关的股票型、指数型基金呢?我几乎是不购买的。在我看来,与其把自己的"钱运"交给中介处置,我宁愿直接购买股票,将"钱运"交给自己做主。

(3)**房产资产**。在中国,每个家庭至少购买一套住房,目的不一定是实现财富增值,但是起码可以抵御通货膨胀的风险。从保值增值的角度来看,房产虽不属于现金流资产,但在国内,特别是大中型城市,房产具备很强的变现能力,不能作为资产负债表上的"固定资产"来对待,也许用"金融资产"科目会更加合适。作为刚需置业首选,能贷款尽量不要全款;且应尽量选择大城市、好地段。

贷款运用的是财务杠杆的概念,即利用别人的钱为自己生钱,通过别人的钱购买给自己创造价值的资产。同时,还运用了财务上的信用融资，即由于你的信用好，你可以找亲戚朋友借钱，银行也愿意给你放贷款，亲戚朋友的借款相当于无息借款，银行的借款则属于低利息的商业借款。

**（4）无形资产**。我将学历、证书、能力价值的提升看作是一个人或家庭的无形资产。这部分无形资产有时候看得见，有时候又看不见，但却对个人和家庭而言尤为重要。年轻的时候应该在提升无形资产和个人能力、个人品牌价值上下功夫，如同一家企业，如果发展得好，供应商都愿意与它合作，客户也源源不绝，被别人收购的时候就可以估值更高，更有甚者会有投资人不惜面临巨大的商誉风险也要收购它。

只有提升了个人和家庭的无形资产，才能让自己在市场中被企业估一个好价钱，增强家庭的风险抵抗能力，也可以源源不断地创造出现金流。

**【干货】**

大家从以下四个方面去考虑配置个人和家庭资产吧：

① 现金资产；

② 股票资产；

③ 房产资产；

④ 无形资产。

## 6.3 智商高不等于财商高：两个 CPA 考霸错过的那些机会

有时候我们的命运就是如此，并不是你比别人勤奋就一定可以收获等值的回报，低头考证固然重要，我们更要抬头看路。很多财务人沉湎于一个又一个证书的备考之中，却忘记了考证的真正目的是什么，自己追求的到底又是什么。

### 【案例】

在买房一事上，我是幸运的，但并不是所有人都有我这样的幸运和果断。那段时间和我一起看房的还有一名女性会计朋友——云姐。我和云姐是在大学同学大圣的引荐下认识的。云姐比我大几岁，已经奋斗了很多年，拥有注册会计师、注册税务师、中级会计师职称，可以称得上是考证达人。云姐考虑问题比较全面，这是她的优点，但有时候也可能成为缺点。

我们一起从广州看到深圳、惠州，她会从房屋单价、月供、户型、交通、环境、配套等诸多方面逐一对比考量，最后始终选不到完美的房子，而我相对就比较单纯，我是抱着必须要买深圳房子的决心，看到那里环境不错，房价又是勉强可以承受的就买了。云姐最后买了广州的一处房产。

我的同学大圣，也拥有注册会计师、注册税务师、中级会计师职称，他干脆就不看房，用他的话说——非深圳关内的房子不考虑。最后的结果是，经过2015年的深圳房价暴涨，他彻底失去了买房的希望。

有时候我们的命运就是如此，并不是你比别人勤奋就一定可以收获等值的回报，低头考证固然重要，我们更要抬头看路。很多财务人沉湎于一个又一个证书的备考之中，却忘记了考证的真正目的是什么，自己追求的到底又是什么。

听过很多道理，依然过不好这一生。当然，我这里绝不是否定考证的意义，也不想对别人的生活方式进行评判，但是当一个人太过忙碌或者太过懒散而没有花时间思考人生的时候，人生有时候会给他（她）重重一击。在如今深圳高企的房价面前，这样的代价太过沉重。

## 【干货】

我的这两位朋友起点都不算高，他们凭借自己的努力，都通过了中国注册会计师、注册税务师和中级会计师的考试，是真正的"考霸"，最终取得财务专业资质认证的成功，也都非常优秀。但高智商并不等于高财商，至少在买房决策上，他们算是出现了判断上的错误。我一直坚持的观点是，财务要不断学习提升，但并不能以牺牲思考和职业前途为代价地学习，更不能陷入无穷无尽的考证之中，证书不在多而在精，同时要将理论知识与实际工作相结合，不能因为有了证书而看不起身边没有证书的同事。反而是在实际的工作和生活中，我们有许多东西需要向他们学习，企业中很多的财务总监不也没有注册会计师证书吗？

如何让自己拥有高财商呢？

① 关注国内外财经大事，预测可能的经济风口。

② 关注不同城市的房价形势。

③ 关注股市，学习股票估值等知识，股市一般五年一周期，可以留一部分钱用于炒股。

④ 参与公司的股权激励计划。

⑤ 关注并尝试新鲜事物，如各类自媒体、抖音、今日头条、喜马拉雅等，做得好财务也能是"大咖"。

⑥ 尝试全职或兼职创业，如讲师、代理记账、咨询师等。

⑦ 远离集资、P2P（注：互联网金融中的"点对点网络借款"）。

# 下篇

财务主管到财务经理，月薪 12000 元到年薪 30 万元

下篇

# 第 7 章

## 财务转型——从内审到财务，从经理到会计，如何平衡内心

### 7.1 财务的原则比岗位重要（财务原则）——放弃经理岗位，一切从会计做起

这家控股公司的办公地点在深圳福田中心区最高档的一座写字楼里，一流的办公环境，休闲式的办公室设计，每个人脸上都洋溢着自信的笑容，透过全落地的玻璃窗户向外看去，莲花山、市民中心尽收眼底，这就是我无数次幻想过的理想的办公场所……

复试结束之后，我的心情久久不能平静。

周一一上班，我的手机就收到这家控股公司的Offer（录用）邮件。

可是我却拒绝了。为什么呢？

【案例】

有工作的时候，我们总是怀揣一颗不安分的心，有一种随时想要逃离的冲动；可是一旦没有工作，我们的生活可能每天都是煎熬。

处理完家中事务之后,我再次回到了阔别半年的深圳——绝望、无助、彷徨。

回到深圳后,本来也问了一下之前的公司,是否有相关的财务岗位空缺,如果有的话,无论什么岗位我都可以顶上,但是他们给我的反馈是没有了。

短短几个月时间,原公司也许已经发生了太多变化,也许从我提出辞职的那一刻起,我就已经不是同事眼中冉冉升起的新星,也不是领导心中值得培养的合适人选,是我搞砸了自己的工作,最后把家庭和生活也搞得一塌糊涂。

加上创业的压力,我感觉精疲力竭。那时候我对自己的整个人生都是怀疑的,再不是几个月前的志得意满,自信在一次次失败的挫折中消耗殆尽。

谁能够想象:一个28岁的人了,现在面对的却是一无所有的窘境?我深刻地体会到"天堂"和"地狱"的距离,原来如此接近,而我却走到了"地狱"的边缘,此时只要有人轻轻一推,我就可能堕入深渊。我之前以为刚毕业的时候够惨了,原来也不过是给我现在的境况播下一粒无情的种子。

除了重新找工作,我已没有别的选择,我对创业早已心灰意懒。但是好歹底子不算差,加上正值上升期,我的目标只有一个,就是回到企业做内审经理。我也确实参加了一些面试,但因为管理经验尚欠缺,统领整个集团审计部的内审经理我做不了,大的企业集团往往只愿意给出内审主管的岗位。

就在此时,有一家上市公司主动联系到我,说是在网上搜索到我的简历,现在公司有一个财务分析的岗位,问我是否有兴趣。我本来是不感兴趣的,后来查了一下该公司所在行业是自己期望的,加上做了几年审计也有些倦怠,正好可以借机转型,最主要的是虽然我没有核算、分析的具体经验,但是公司愿意给到我较上一家公司还略高的工资。

面试得比较顺利。重新来深圳不到10天,我就找到了下家,并且我没有想到,在深圳的前四年我换了四家公司,在这一家公司一干就是五年,而且在这家公司我完成了一个蜕变,又重新找回了自我。

需要说明的是,在这家公司上了三天班之后,另外有一家控股公司给我打电话,我才记起来前几天也面试了它的集团审计经理,当时与它的人力资源部负责人聊得非常好,但恰逢审计总监出差。接到电话后,我本来已经明确拒绝,并且表明我既然已经选择在一家公司上班,就不会考虑其他工作机会,除非我从现在的公司离职。但是该控股公司诚意满满,并且电话那端一再向我致歉,说明是因为集团审计总监出差所以过了一个星期才通知复试,没有想到我已经找到新的工作,但是他们还是希望我可以去了解一下他们。

于是就在那个周末,我去见了一面对方审计总监,聊了一下之前的工作情况和审计方法,让我翻译了一份英文审计报告,他对我非常满意,当场拍板希望我可以过去那边。并且审计总监向我进一步介绍了公司的情况,集团旗下控股了三家上市公司,如果我过去,公司给我定级是审计经理,而我也将成为集团最年轻的审计经理。

这家控股公司的办公地点在深圳福田中心区最高档的一座写字楼里,一流的办公环境,休闲式的办公室设计,每个人脸上都洋溢着自信的笑容,透过全落地的玻璃窗户向外看去,莲花山、市民中心尽收眼底,这就是我无数次幻想过的理想的办公场所……

复试结束之后,我的心情久久不能平静。

周一一上班,我的手机就收到这控股公司的Offer(录用)邮件。

尊敬的刘先生:

恭喜您已经通过××控股集团公司 审计经理 岗位的面试……您的薪资是年薪××万,我们集团的福利如下……

收到邮件，我既激动又矛盾，我的内心无数次地告诉我，内审才是我最擅长的工作，这家控股公司才是我最想去的地方。可是，我已经在这里上班了，虽然只有一个星期，但我的内心告诉自己，这样做是有违自己的原则的。既然选择了这里，就应该心无旁骛。

"对不起，我已经在目前的公司上班了，经过慎重思考，我放弃贵公司审计经理的岗位，希望贵司可以找到更为合适的人选。"回复邮件的时候，我的内心是矛盾的，但我的态度也是坚决的。

"刘先生，这是为什么呢？经过评估，审计经理已经是我们可以给到的最高岗位，而且您加入我们公司之后，您将是我们公司最年轻的审计经理。是因为工资水平的原因吗？您可以说出您的最终期望，我们可以再向公司申请。"我收到对方的邮件。

说实话，我有些心动，入职现在的公司，做的是自己不熟悉的财务分析的岗位，职级也仅是主管级，薪资待遇也不及那家控股公司。

"实在抱歉，并非由于职级和薪资的原因。就我本人而言，也非常希望可以进入到贵公司，但是你们的复试和Offer时间太晚了，我已经入职了现在的公司。如果我去了你们那里，这是违反我个人的原则的，所以请你们原谅。"我没有再给自己任何反悔的机会。

过了几分钟，我收到了对方的回复邮件："那好的，祝您工作愉快，希望以后有机会还可以合作。"

## 【干货】

身为财务人，我们需要有自己的原则，财务人的最低原则是不做假账，如果我们以此为原则，就不会去一家会进行财务造假的公司，也不会为了迎合管理层的需要而进行财务粉饰，如果整个社会都可以坚持这个原则，那么社会的财务环境也会变得阳光。

我坚持不做假账的财务原则，所以我从来不进财务造假的公司，也从不参与财务造假；我也坚持"先来后到"的原则，时刻告诫自己不要这山看着那山高，是金子在哪里都会发光。作为财务人，如下几点的财务原则必须要坚持。

① 依法办事。会计人员应当按照会计法律、法规和国家统一会计制度规定的程序和要求进行会计工作，保证提供的会计信息合法、真实、准确、及时、完整。

② 客观公正。会计人员在办理会计事务中，应当实事求是、客观公正。

③ 清正廉洁。清正廉洁是会计人的立业之本，是会计人职业道德的首要方面。

④ 坚持原则。在工作生活中,如果出现不容易作出选择的时候,坚持原则是最好的选择。

## 7.2 让高层听见你的声音（高层沟通）
### ——新官上任三把火，打好入职第一枪

分析报告发送给总裁后，没想到总裁比较满意，只回复了"很好"两个字。

经理第一时间把我叫到财务总监办公室，并说，这是历年财务分析所没有的事情，之前财务人员将分析报告发送给老板后，往往就没有了音讯。

【案例】

进入公司后，部门经理先给了我一个星期的时间熟悉公司的架构、流程制度以及各模块经营管理的基本情况，然后就正式开始撰写当季度的财务分析报告。

虽然缺少财务分析方面的经验，但是之前做内审时培养出来的良好的逻辑思维能力、主动工作的能力以及抗压能力给了我很大帮助，再加上自己在参加MPACC课程学习的时候也有开设专门的财务分析课程。

我看过前面同事撰写的财务分析报告：基本停留在财务报表层面，譬如盈利能力分析，收入分产品、分区域分析，毛利与毛利贡献分析，同业关键财务指标对比分析；财务分析仅仅还是站在财务的角度看问题，与业务是脱节的，更别说公司战略；而且分析报告仅仅是对财务数据和指标的呈现，没有问题，也没有结论。看了几期之前的报告之后，发现财务分析做久了都是同一个分析模板，每一期反映的内容也是大同小异。作为一名财务人员的我，看到分析报告尚且觉得索然无味，更别提老板的感受。所以我知道接下来自己所面临的挑战。

我在编写新的年度财务分析报告时，除沿用了之前分析报告中的格式模板外，其他内容都作了重大调整。根据我的理解和向同业前辈请教所得，在我看来，财务分析不仅仅是站在财务的角度对公司业务经营进行客观反馈，

还需要从运营与战略的角度为领导提供决策支持；财务分析不只是呈现数据，更应该知道数据背后的深层原因，并提出改善建议。

我的报告开门见山，从财务的视角说明了公司在前几个季度经营管理中存在的各项重要问题，譬如定价问题导致的毛利率下滑、销售费用控制与预算的问题、生产人均效率低下的问题、资金利用率低下的问题、商业信誉利用不足的问题等；接着对盈利性、成长性等进行横向与纵向对比，逐渐引出上述结论产生的过程；然后从资产负债表、利润表的角度，将公司的财务状况、资金效率、经营效率、资产管理效率、财务管理效率与同行业对比，与自身对比，从而客观反映出公司存在的优势与不足；最后进行行业分析，对公司前景及来年情况进行展望与预测。

分析报告发送给总裁后，没想到总裁比较满意，只回复了"很好"两个字。

经理第一时间把我叫到财务总监办公室，并说，这是历年财务分析所没有的事情，之前财务人员将分析报告发送给老板后，往往就没有了音讯。

紧接着，我继续发挥我在内控方面的优势，在很短的时间内从销售、生产、采购、研发、资产管理等方面对公司整个流程链进行了一次全面梳理，整理出几十条内部控制缺陷和流程优化建议。财务总监拿到我的内控梳理报告不禁惊叹，他没想到我可以在如此短的时间做出这么完善的报告，而且对公司和财务流程上存在的问题梳理得这么清楚。用他的话说：公司的内审部也做不出来这么专业的报告。

## 【干货】

很多职场经验不太丰富的年轻人在进入一家新公司后，往往不知道从何着手开展工作，我的经验是先给自己一个星期左右的时间熟悉公司的基本情况，譬如财务、人事、生产、供应、产品、行业等以及公司的各项规章制度、本岗位职责要求。在正式开展工作的时候，要充分利用以往的经验，给新公司、新部门带来不一样的东西，特别是要做好入职后的第一个项目，给领导留下深刻印象，那作为"空降兵"的我们就成功了一半。如果能够有机会直接接触到公司的大老板，那我们更应该抓住这样的机会表现自己。总而言之，要迅速取得高层的信任并有效沟通。新官上任应注意：

① 抓紧熟悉公司的基本情况；

② 做好入职后的第一个项目；

③ 给新公司、新部门带去新的工作方式；

④ 用能力赢得高层领导的关注和信任。

## 7.3 站在负责人的位置思考（管理者心态）
## ——财务领导也有难言处，关键时刻敢出头

我把自己的想法和部门经理及财务总监进行了沟通，他们不赞成也不反对，但告诉我，好几年前部门一位费用会计去给其他部门做费用报销方面的培训，效果比较差，在公司其他部门还造成了不好的影响。所以，他们让我慎重对待。

领导的意思很明显，这种事我们还是少插手为妙。

【案例】

随着在公司逐渐进入角色，在与部门经理和财务总监的交流中，我逐渐了解到，同多数公司一样，本公司财务部的位置也比较尴尬，在领导心中的地位不高，大会小会上公司领导都爱拿财务撒气，很多次直接当着其他部门的领导对财务总监进行非常严厉的批评。

我们财务总监上面还有CFO，CFO是公司的创始人之一，并不直接参与财务的管理。

这样就有了问题：CEO觉得很多事情直接询问财务总监会更加方便、快捷，但如此就跳过了CFO。财务总监有时候很委屈，她说CEO很多时候直接问她事情，她不得不直接与CEO沟通，但是自己的权责和位置决定了自己没有CFO那样的高度和权限，有时候确实难以和CEO平等对话，甚至被认为"能力不足"。

加之公司是一家研发优势明显的科技型公司，大家的关注焦点集中在研发与销售上，对财务可以说不厌也不爱，最后的结果就是财务部的地位越来越低；加上公司上市后，财务部再没有什么拿得上台面的成绩，部门里的同事多少有些"自暴自弃"，大家每天也都过得战战兢兢。

我记得之前听到一句话，"有为才有位"：一个部门的成绩不是领导和其他部门给你的，而是要靠自己的努力去争取，部门做出了成绩，自然会得到领导和其他部门的认可，部门地位自然也会随之提升。

财务部门究竟如何才能做出成绩，如何才能引起别人的关注呢？既然大家不认可我们，那我们可不可以走出去呢？这是那时候一直困扰我的问题。年底的时候，公司人力资源部调查下一年的培训需求及计划。历年来，财务部都是被培训的对象。

前面讲过，我本来有心创业，与机构合作做会计培训，后来心生疲倦而退，但这并不能阻挡我对培训的热情。那以培训为切入点对于提升财务影响力是不是有用的呢？

于是我把自己的想法和部门经理及财务总监进行了沟通，他们不赞成也不反对，但告诉我，好几年前部门一位费用会计去给其他部门做费用报销方面的培训，效果比较差，在公司其他部门还造成了不好的影响。所以，他们让我慎重对待。

领导的意思很明显，这种事我们还是少插手为妙。一般遇到这种情况，大多数人也就知难而退了，可是我不服气，我不怕工作压力，但我最怕的是被其他部门看扁，被领导看扁。我说服财务总监让我试一试，给大家做做财报解读方面的培训。

培训之前我进行了非常充分的准备，四处查阅培训技巧、培训内容方面的资料，并思考每一个大家可能问到的问题。我自己将课件默默地试讲了十几遍，每一页PPT的试讲时间都控制到以秒为单位。

说实话，那时候在培训上我并没有任何拿得出手的经验，要说经验的话，在上一家公司管理项目评比中算一个，但那一场演讲也仅仅十几分钟，而这一场培训，我却需要连续讲述一个半小时，加上人力资源部提前进行了培训调查，业务部门及部分领导知道财务要搞培训都觉得有意思，很多部门的经理甚至总监也报了名！压力之大，可想而知。

此处让我又不禁想到自己在上大学时竞选新生助理班主任的那桩糗事，当时的我上台之后一句话都说不清楚，最后以0票收场；又想到毕业第一年找工作的我，在广州面试一家高校的会计老师，在课程试讲环节，讲了不到一分钟便由于忘词主动请求下台……

这都是我有限的培训或演讲生涯的"惨案"，而这一次，我可能会再让这样的惨案再现。每每想到这里，我就会手指僵硬，心跳加速，我于是愈发提醒自己，这一次只许成功，不许失败。准备到最后，我已经将篇幅几十页的讲稿背得滚瓜烂熟。

结果，培训效果出奇地好！接着人力资源部又应各部门同事的要求加讲了一场。

## 【干货】

在动物界有两种动物比较有意思，一种是乌龟，一种是鸵鸟。当感知到危险的时候，乌龟的第一反应是把头缩进自己的龟壳里，然后静静地等待危险来临。而另外一种动物鸵鸟，当感知危险降临的时候，正如大多数人所知，鸵鸟会把自己的头埋进沙子里，但是鸵鸟并不是在敌人已经接近自己的时候才把脑袋埋在沙子里，当它们感觉有危险要来了的时候，只要把脑袋往地里一埋，就可以清楚地辨别敌人的脚步声。随着敌人越来越靠近，鸵鸟确认无误后，则会快速地把脑袋从地里抽离，然后火速地离开。

所以鸵鸟是比乌龟更聪明的动物。当遇到危险或者是困难的时候，我们要做职场上的鸵鸟，而不是乌龟。鸵鸟主动出击，化解危机；而乌龟只是把头缩起来，将自己的命运交给别人。培养管理者心态，在涉及部门利益的问题上，财务人应该：

① 要有"部门兴我荣，部门衰我耻"的心态，站在部门负责人的位置思考部门问题

的改进之策，并能够付诸实践；

② 理解财务领导的难处，给领导分忧；

③ 关键时刻要敢于站出来为部门出头；

④ 机会是留给有准备的人，干财务工作不需要多高的天赋，但是努力的财务人一定会更加成功。

## 7.4 小舞台也能吸引大关注（追求卓越）
## ——将一件事情做到极致，你就是 NO.1

　　我被邀请作为公司"中高层管理者训练营"的讲师之一参与授课，而另外两名讲师则分别是公司销售总经理、总裁助理。在该"训练营"毕业典礼上，我还有幸与公司总裁、副总裁们等一道作为特邀嘉宾出席，并在会上对大家的毕业成果点评。

　　而这一场本该是毕业成果展示的表彰大会，却被我这个"不识趣"的财务"小兵"给搅和了。

### 【案例】

　　上次财务培训之后，我在公司出了点小名，一改大家对财务人不苟言笑的形象，并让业务部门对我们财务的专业功底刮目相看。以至于此后在公司的多年里，我又陆陆续续为公司各个系统开展了十几场财务培训，学员从一线销售业务员到公司副总裁、董事长，并被国际、国内销售"指定"为财务讲师。我在公司"金牌讲师"的名号越来越大，公司大多数人都听过我的财务课。

　　期间，我还被邀请作为公司"中高层管理者训练营"的讲师之一参与授课，而另外两名讲师则分别是公司销售总经理、总裁助理。在该"训练营"毕业典礼上，我还有幸与公司总裁、副总裁们等一道作为特邀嘉宾出席，并在会上对大家的毕业成果点评。我再次发挥了财务人"不识趣"的特征，对几个项目进行了颇为深入的质询，譬如考核指标选取不科学、没有直接财务效益衡量指标等。一场表彰大会，被我这样一个较真的人"带偏"了方向，但我看到公司总裁频频点头认可，各系统总监也开始进行一些批判性点评，还是觉得这个"偏"值得带。以至于典礼结束后，组织部门的领导找到我笑着说："这真是一场令人印象深刻的毕业典礼！今天的项目评比真是尖锐啊！我们所有人都替你捏了一把汗！"

但这就是一个小小的财务分析岗能够带出的能量，这就是我。

我发现，现在刚毕业的年轻人确实知识面都很广，思路也很开阔，但就是缺少我们这些"前辈们"的钻研精神。朋友圈里面从事财务工作的同仁比较多，慢慢地我发现一个规律，朋友圈里刚毕业的小姑娘们都比较活跃，有些小伙伴每周末必"晒"吃喝玩乐、小资生活。

但我却没有缘由地为她们感到担心，我记得之前读过的一句话："你拥有快乐，你便要接受因为拥有这些快乐而带给你的痛苦。"

而我就曾遇到有几个小姑娘，每天固定着朝九晚五的工作。根据我对她们的了解，我断定她们平时也是不怎么学习的。不然的话，作为一个生活至上、品位至上的"新新人类"，哪怕只有一页纸的学习内容，她们也会发个朋友圈大肆地自我标榜一下的，但是却没有。

我不禁想到我自己，刚参加工作那会儿，起码有连续三个月每天晚上都加班到晚上9点以后；我的第二份工作在一家上市公司下面的子公司，虽然也是双休，但是我每个周六都会自觉到公司加班学习新的业务知识。

所以经过几年的发展，曾经站在财务工作同一起跑线上的我和其他小伙伴里，我的提升速度超过了大多数，这与我当初忘我的工作、学习状态是分不开的。

也许是现在的工作环境相对较好，很多人就像是温室中的花朵——看似繁花似锦、枝叶烂漫，但是如果离开了这个环境，却难免加速凋零。

财务是一个需要深刻思考、刻苦钻研、努力工作的职业，也是一个需要投入极大热情才可以实现自我价值的职业，如果你只是选择朝九晚五的固定模式，很可惜，你也许可以成为一个合格的财务记账员，但是如果你想拥有在未来可以自我选择的自由、拥有更加卓越的人生，那么请你暂时放弃朝九晚五的安逸生活的想法，要么努力工作，要么工作之外努力学习和生活。

任正非说：将军是打出来的！不要在微信朋友圈里和温柔乡里消耗光你的人生和青春。

## 【干货】

我们发现，身边工作做得好的人，都是非常注重细节的人。我曾经和一家公司的总经理一同参加了一个为期三个月的管理培训班，几乎每周都会有1~2次的培训课程。当时我担任这个管理培训班的班长。等到课程结束的时候，班主任将这名总经理的笔记拿出来向大家展示——整整一本的学习笔记，每一门课程都有非常详细的记录。反观自己，身为班长，我所有的学习笔记不过三页纸。这件事让我羞愧难当，也明白了为什么他可以做到公司总经理。

财务人要养成良好的工作学习，就要从注重工作中的每一件小事着手，把每一件小事都做到极致，就会让身边的人刮目相看，说不定还能取得意想不到的工作绩效。

财务人应该要有追求卓越的心态和动力：

① 找准工作中一两件不被看好的"小事"，做精做透；

② 在工作中，要敢于利用自己的专业知识发表意见；

③ 让工作有"亮点"，吸引领导的关注；

④ 保持学习和对新事物的求知热情。

## 7.5 关键时刻财务要敢担当（责任担当）
### ——勇于担当，压力是最好的成长剂

本以为吃下了全面预算这个烫手山芋，我就可以高枕无忧地轻松一段时间，岂知部门中任职于合并报表岗位的孙经理也提出了离职。我们都知道，合并报表岗位是一个对专业财务业务要求非常高的岗位，制造型企业一般需要注册会计师并且有丰富的外部审计经验方可胜任，除了负责公司的对外合并报表编制与披露，还需要参与公司的投资并购、融资、国际架构搭建等事宜。

我的心里开始打起了退堂鼓。

【案例】

在财务分析的岗位上做了半年之后，部门原来负责预算的同事提出离职，原因是当时正在做2014年的全面预算，但是由于经验不足，年度预算组织及开展皆不及总裁预期。每逢预算讨论会议，财务部门同事往往不能应答上领导的临时质询，几次预算会议上，参会的财务领导和同事被问得哑口无言，后来逐渐演变成但凡预算会议，财务人员必被骂的局面。

财务领导被骂，负责具体组织和执行预算的会计小陈的日子自然也不好过。重重压力之下，小陈（会计硕士、注册会计师）以身体为由提出辞职并另谋高就。

当时正是2014年全面预算开展的关键节点，财务部门已经组织了几次会议对部分部门的预算进行了第一轮讨论，而后面还有更重要的第二轮讨论以及完成全面预算表格等工作。在这样的情况下，马上招人是不现实的，而且新人对公司业务的了解也需要一定时间。财务总监把全面预算的任务交给了我。

虽然我没有做过预算，但我并没有觉得做预算是多么困难的事情。我在

上一家公司做过预算管理的内控审计，而且现在的公司有全面预算的模板，也有全面预算编制的流程指引，我们只需要照着已有的方法和模板编制即可。如果要说有难点的话，难就难在与业务单位还有领导的沟通上。为此，我们需要在预算编制的过程中与业务单位接口人及领导随时保持沟通，不要在会议上出现大家互不认可的差异点，特别是计算口径的差异，即使有差异，也应提前知晓原因。为此，我们需要提前就与业务单位解释清楚，搞清楚每一个预算科目中所对应的具体业务，将业务单位编制的预算科目与财务下发的预算科目保持对应关系，形成一套"词典"。

2014年全面预算编制完成后，我又极力主张开展预算信息化项目，从费用的报销、控制、执行、分析上实行系统管控，这个工作在后来招聘进来新的预算会计后得以实施。

挑战一个接着一个地出现在我的面前。

本以为吃下了全面预算这个烫手山芋，我就可以高枕无忧地轻松一段时间，岂知部门中任职于合并报表岗位的孙经理也提出了离职。我们都知道，合并报表岗位是一个对专业财务业务要求非常高的岗位，制造型企业一般需要注册会计师并且有丰富的外部审计经验方可胜任，除了负责公司的对外合并报表编制与披露，还需要参与公司的投资并购、融资、国际架构搭建等事宜，而公司之前给这个岗位的待遇相当不错，岗位职级也属于经理。

但人各有志，孙经理跳槽去了另外一家企业，各方面福利待遇皆大幅提升。

招人难，况且年报披露近在眼前，还要准备下一年的一季报、半年报……这个岗位对人员的要求也是极高的，一时半会很难招到合适的人员补充进来。放眼整个财务部，财务领导深感人才匮乏，竟找不出一位可以临时顶替的合适人选。

财务总监又想到了我,把我叫进了办公室,关上门道:"负责合并报表的孙经理提出离职,他其实很早就提出来了。考虑到这个岗位的重要性一直还没有批准和办理交接,我们也还没有宣布,但是现在他的新东家催得厉害,他下个月就要离开公司,而我们的年报编制工作马上开始了。我想了一圈,最后想到了你,你要不要挑战一下合并报表岗位?"

"可是我没有合并报表方面的经验,而且这个岗位的要求较高,我唯恐难以胜任,但如果领导信任我,我还是愿意接受这个挑战的。"我永远都是这样,在领导的要求面前我从来不会拒绝,即使这件事在现在看来是超出我的能力范围的。但我想,任何一项工作都有它的内在逻辑和方法,掌握事物的逻辑性可以让我们在任何工作面前做到从容不迫,专业经验上的不足则可以通过后天学习来弥补。

"你也来了有半年多了,你看看我们部门,现在谁还能胜任这个岗位?本来刚开始我还想让小李试一试,她之前也在事务所做过,核算基础也比较扎实,但她不愿意接受这个岗位,她觉得压力太大自己做不了;我也考虑过张琴,她来公司之前也在事务所做项目经理,也做过合并报表,但她已经在准备生小孩,考虑到这个工作的连贯性及人员的稳定性,她做这个岗位也不合适。所以,只有你是最合适的人选。"看得出来,财务总监已经考虑到了各种可能的情况。

就这样,我又接受了合并报表的工作,并且一做就是一年多,直到部门招聘到新的注册会计师,我才将这份工作交接出去。

毕竟我的核算基础还是弱了些,专业知识也不足,所以在接手合并报表工作之后,压力也是前所未有的。这种压力反映在每一个细节上,我经常为了一个数字不知如何计算而殚精竭虑,而孙经理只是偶尔来一下公司,更多的时候我需要自己动脑解决。

单体报表、报表附注、抵消分录、金融工具、非同一控制……那段时间加班成了常态，我如饥似渴地学习各种财务新鲜知识和概念，思考各个报表与科目间的内在联系。

当年每个季度的绩效考核中我基本上都包揽了部门的S和A。根据公司的绩效考核规则，财务部20多号人每个季度只能有一个A，如果想得到S的话，需要由部门上报到总裁，由总裁从这些人中指定几个人，最后这几个人的绩效才能真正是S。

而在一年的4个季度中，我得到两个S、两个A。那一年，我也以部门接近全票的票数当选为优秀员工，并从上百名优秀员工中脱颖而出，和另外9人一起被评为当年公司"十大杰出员工"。

## 【干货】

责任担当不是喊口号，在遇到困难的时候，最容易体现一个人的责任担当。因为要担当，所以往往需要承担更重的职责和工作压力，如果处理得当，对一个人的提升是飞快地。但我们并不是在所有事情面前都一味冲在前面，都扛下来，如果能力不够造成坏的结果，还不如不接。职场是残酷的，我们既要勇担责任，也要善于保护自己。我们可以从如下几个方面训练自己的责任担当：

① 提升专业知识，提升能力自信；
② 对未来不确定性报以乐观的态度；
③ 增强自己的抗压能力；
④ 遇到事情不退缩；
⑤ 区分应该接受的工作和不应该接受的工作，在职场中也要学会自我保护。

# 第 8 章

## 财务平衡——工作与兼职，做财务原来这么有趣

### 8.1 疏通工作压力（压力管理）——兼职财务讲师，追求不一样的财务人生

经过在新公司两年多的发展，我的能力快速提升，也很快就在公司崭露头角，这个时候面临着从财务主管向财务经理转型的时期，但是由于缺乏相关经验，能力上尚不足以胜任财务经理。领导在这个时候决心培养提拔另外一名同事，而我则成为被打压的对象。生活上我也面临房贷的巨大压力。

面对工作上与生活上的双重压力，我该怎么办呢？

【案例】

2015年的时候，我感到自己似乎一直受到一股无形力量的打压。我的关于自身岗位的建议不再被财务领导采纳，工作进入瓶颈，会议上经常受到财务领导的当众批评，公开或私底下会明说或暗示一些关于我能力不足的言论，一些事项领导会莫名地对我发火并要求我承担责任，在部门岗位升迁的时候领导向部门公开宣布将提升另外一名税务方面的同事等。于是乎，我的地位一落千丈。

意识到问题的严重性，我开始时选择沉默，到后来向部门领导的权威提出激烈的挑战，我甚至不惜会议中当众辩驳。我曾经两次提出辞职并愤而去富士康旗下某产业集团面试，当时对方向我开出了年薪30万元的邀请。

打压归打压，但是我转而又想，人生境遇，起起落落，考验的就是修炼。我工作的前三年选择逃避的时候多，面对的时候少，稍有困难就拍屁股走人了事，难道又过了这两年，我还要重复以前的情形？我应该感谢公司，是公司在我最困难的时候向我伸出了橄榄枝，逐渐在深圳找到归属感，工作生活步入正轨；我也应该感谢财务领导和财务的同事们，是大家的赏识让我可以在公司获得莫大的荣誉，在公司的平台上尽情地展现自己的才华。

"在一个地方就好好地做下去"，仿佛有一个声音在时刻提醒我。我没有理由逃避。

于是，我厚着脸皮，又找财务总监要回了辞职报告，我说我不走了。

"你可真想好了吗？"财务总监不知道为什么我的态度会180度大转变。

"我想好了，公司也不用给我加一分钱工资，我会好好干下去，请您放心。"我羞愧于自己的冲动，现在我必须为自己的行为承担后果，也许我会在我和财务总监之间划下一道深深的伤疤，但是如果自己冲动而走，我将永远被他人也被自己冠上"不稳定"的标签。这对我个人信心的建立和人生之路都势必造成恶劣影响。

尽管再次前途未卜，但这一次我选择坚守。

也就是那一段时间，领导一心想要提拔的那名同事难以满足各方期望，自己也不堪工作的压力，在其他公司给出了更高的薪酬之后跳槽了。

再次经历职场的低谷,在沉默与抗争之后,我的心渐渐恢复了平静。

闲时补网,忙时打鱼。

因为买房,我也面临着财务上巨大的还款压力。面对生活的压力和工作的不顺,为了舒缓目前的财务紧张状况,同时也为了排解心中的郁闷,我选择到一家会计培训集团兼职会计讲师,利用周末的时间给学生上课。有时候是周末一天,有时候是周末连续上两天,那时候是70元/小时,所以一个月四个周末算下来,也有几千元的额外收入,但是代价就是我没有周末休息时间。每周末上完课我都会嗓音嘶哑,慢慢地我学会了在课程中控制嗓音,学会了如何快速备课,也学会了控制课程进度和时间。

正是因为那时的兼职讲课经历,使得我以后在面对培训大舞台的时候有了更大的自信,即使是给一些网校上几千元/小时的课程我也能够淡定自若。

## 【干货】

我们都知道"两强相遇勇者胜"的道理。面对工作上的压力,我们除了要表现得勇敢,有时候也要表现得柔和,特别是财务人员,很多人勇敢有余而温柔不足。退一步海阔天空,退一步是为了进两步,面对工作中的不如意,我们有时候并不能立即化解并给出解决方案,这时候我们要做的或许只是静静地等待,即所谓的"避其锋芒,权且忍让"。

我们尤其不能和领导对着干,公开顶撞领导,无论输赢,我们在组织中已经不占理,所以我们绝不能被领导牵着鼻子走,领导越是逼得紧,你的态度才应该越好,他大不了当众说你两句或者是处理你。自己应该先在面子上维护领导,明知是领导故意的,也先忍着,等到领导气出完了,事情就平息了,机会也就来了。我们可以从以下几个方面缓解工作压力:

① 暂时退让和妥协,避其锋芒;

② 做其他有意义的事转移压力和注意力，譬如考证、兼职等；

③ 对工作进行整体规划，列出行动清单，逐一解决，将压力大而化小；

④ 向同事求助，向朋友倾诉；

⑤ 将任务进行分配，除了对下级分配任务以外，还可以分配给自己的同事或合伙人、分配给其他服务性机构。

## 8.2 多维职业规划（职业规划）
## ——开一个会计培训班，邂逅一生的爱情

会计不拘泥于行业限制，可以说是能充满新鲜事物不会让人厌倦的职业，永远的求知欲和工作热情是会计工作幸福感的前提。

不要为了一味追求高度而丧失了温度，不要为了盲目的宽度而错失了专业的深度。不同财务人在不同的发展阶段，可能有不同的维度。我也是试图在四个维度上找到自己的平衡，发挥更大的价值。

【案例】

通过给公司的同事以及在机构兼职财务培训，让我渐渐从一个专业的财务人向一个财务导师的角色转变，我想这也是一部分财务人可以考虑的职业方向。我记得之前有网友写过会计职业生涯的四度规划，我十分认同。

### 1. 高度

某会计A，男性，中专毕业（学历不高）。一路自学考试，专升本。会计是半路出家学的，先考入门的会计从业证，在等中级报名资格的时候，利用业余时间考过了注册会计师。由于他能力突出，有一家企业高薪挖其去当财务经理，新东家离城里远，于是购入代步的别克车，新东家每月给几千块车贴。A的专业业务能力强到什么地步呢？他说他办离职交接的时候，他一个人的工作，需要三个人合作才能勉强接得下来。其专业的高度可见一斑。换了工作没几年，再联系他，他已经直接自己开了个机械公司当了老板，自己的座驾换成了"大奔"。

这就是会计职业生涯的高度。

**2. 深度**

会计人生的成功法则是不是只有不断地往上爬，才能达到财务人员的人生巅峰呢？

当然不是，我们可以纵深发展。所谓深度，是指专业水平的精深程度以及你在这个领域能干多久，3年、5年还是一辈子。也不是所有的会计必须要通过跳槽来实现高度的跃迁。能力是"硬通货"，专业精深，发展的基石就厚重。

某会计B是一名老出纳，她是公司的元老级人物，见证了公司从小作坊，做到百强企业，到集团公司，到准上市公司，一路发展壮大。她没有换过岗位，一辈子在出纳岗位上深耕细作。她业务精湛，经手的现金没有出过一丝一毫的差错。她运筹帷幄，从资金的调度、周转、使用，游刃有余，帮助企业度过了几次经济危机。她的口风极紧、记性很好，什么账户多少存款余额张口即来。她人缘很好，某银行贷款给她时声称：这个款要不是看在B会计的面子上，老板来贷也是没有。

B会计早该退休了，几次请辞让贤，但老板信任她，不放她走，让她打消念头；并且告诉她，这个岗位除非她干不动，不然一直是她的。

这是将一个出纳工作做到深度的范本。不管哪个平凡的岗位，扎根干下去，将专业学得越来越精湛，同样可以收获丰硕的成果，还可以"墙内开花墙外香"。如果能保持永远的求知欲，即使未来的世界千变万化，会计仍是可以做一辈子的工作。

**3. 宽度**

所谓宽度，就是职业内外的每个人扮演的不同角色。对于一个财务而言，职业的宽度不仅仅是多种角色的转换，而且财务人员的工作不拘泥于行业限制，不拘泥公司，不拘泥于职场内外。

某会计C家里有两个孩子，为了接送孩子方便，没有选择在企业朝九晚五地工作，她选择了做一家财务培训公司的老师，专门培训会计从业资格证，口碑不错，通过率高。

谁想到，2017年会计证的取消，包括C会计谋教职在内的许多培训公司收入锐减。C会计眼看断了生计。但她讲课讲得好、有水平。有原来的学生请她代账，每天花半天时间，代十几家公司的账，月入3000。她在培训学校里没课教，就到中小企业去进行培训，提供财务咨询。如果有新会计不会开票报税，C会计一个下午包教包会，一个人收500元。她还紧跟互联网潮流，在网络平台开课，成为网红。她还写得一手好网文，经营着一个微信公众号，定期更新，收取原创赞赏，时不时有报纸杂志向她约稿。

当别人抱怨的时候，C会计因为已经成为某一模块领域的专家，路则越走越宽，实现职场内外的转换，可以在专业深度发展基础上朝着通才的方向。这些人用流行的话说，就是"斜杠"，就是跨界人才。

### 4. 温度

所谓"温度"，就是幸福感。有一批有温度的会计。他们的字里行间透露着快乐、幸福、平静。

他们的快乐，是年终决算时的年初目标的实现，领导的肯定。他们的快乐是团队的通力合作共闯难关，是无数个日日夜夜苦读之后，查分通过考试的那一瞬间。

他们的幸福，是与爱人的你侬我侬，是孩子的成长和考到理想的学校，是健身房的挥汗如雨，是旅程上的一场邂逅，是给募捐箱投进去的几张人民币。

他们的平静是眼前的一册好书，是一部经典的影视剧。是书桌上的一盆多肉植物，是冬天里大落地窗里的一屋暖阳。

会计不拘泥于行业限制，可以说是充满新鲜事物，不会让人厌倦的职业,永远的求知欲和工作热情是会计工作幸福感的前提。

不要为了一味追求高度而丧失了温度,不要为了盲目的宽度而错失了专业的深度。不同财务人在不同的发展阶段,可能有不同的维度。我也是试图在四个维度上找到自己的平衡,发挥更大的价值。

我利用周末时间在会计培训集团坚持代课了半年。开始是给大家讲授《中级财务管理》及《基础会计》课程,直到带完那一届成人自考的学生并且给他们出具了期末考试试卷,大家顺利通过考试。后来又带了一届会计从业考证班,我一个人负责三门课程的课件、备课和讲课,事无巨细,但是却没有达到想要的效果。在那一届的会计从业考试中,只有一部分学生通过,另一部分学生未能通过。

令我感到欣慰的是,当我离开这家会计培训机构的时候,有学生对我说,我是这个机构深圳分校会计课讲得最好的老师。

结束了兼职讲课的工作,我又开始闲不住了,加上那段时间工作中处于"被冷淡"的状态,有了一定的培训经验积累,我索性决定利用业余时间自己在外面办一个会计培训班。当时正是国家放开会计从业资格证考试的第一年,由之前的一年考试一次改革为一年可以考试多次。而学会计、做会计的门槛低,是许许多多低学历男孩女孩的首选行业,我判断从业类培训需求会出现爆发式增长。随着经验的积累,我还可以进一步做一些实操类课程的培训。

当时在机构兼职代课期满后,我也积累了一部分的学生资源,他们也愿意和我一起学习、进步。

有了这样的想法,说干就干,但是我也知道,单靠一个人的力量是不够的,之前在武汉那段单枪匹马的创业经历以及由此带给自己的压力让我至今心有余悸。此时，我想到了大学同学大圣，还有云姐，他们俩在财务上都具备较深的理论功底，而且分别在事务所、企业担任重要职务。如果我们三人合璧，势必大有作为。

当我将创办一个小型会计培训机构的想法告诉他们俩的时候，大圣非常爽快地赞成了；云姐一贯谨慎，她表示要视我们的进展情况再决定是否一起做。最后的结果就是我和大圣一起投资办了这个培训班，云姐不参与，但是她愿意实名担当我们这个机构的讲师。

于是我和大圣每人先投了10000元。大圣在会计师事务所上班，每个月大部分时间都在外地出差，没有时间和我一起打理，培训班从租房、印刷广告、购买桌椅、布置装修、招生、授课的所有工作都是我一个人完成。

说起我的这位大圣同学，自从他进了事务所之后，一年到头是做不完的年审、IPO（注：企业的首次公开募股）、税审、内控建设、财务咨询，而他似乎早已习以为常。甚至后来我给大圣介绍女朋友，月初我就撮合两人见面，一直拖到月底，女孩子都已经耐心告罄了，大圣却还在外面出差……好不容易见一次面，大圣仍然是随身带着笔记本电脑。用他的话说，只要事务所领导一句话，天涯海角也要赶回来向领导交底稿。我本想趁热打铁，安排两个人第二次见面继续"热聊"，大圣却早就一个跟斗云翻到了武汉、北京、四川。如此一来再优秀的男孩子，再主动的女孩子，再心动的感觉也淡了。

言归正传，尤记得2015年开设会计培训班的情形。我们综合考虑人流及交通之后决定将培训班开在深圳龙华新区，没有任何办班经验的我利用下班之后及周末时间到处看写字楼，最后在靠近地铁口的一栋大厦上租了一间办公室，40平方米大小，价格是60元/平方米/月，再加上一些其他费用，一个月租金在3000元左右。接着我跑到城乡结合部附近找二手店老板定制了五套会议用的圆桌，因为我觉得学生坐在这样的桌子后面上课会显得很有范儿。

又购买了二手空调、投影仪，找图文制作商店给我们制作了大幅宣传海报和讲师介绍挂在培训室……一切就这样像模像样地开始了。

第一期有几个从之前代课机构转过来的学员，有几个是朋友介绍，还有几个是只有中学学历在深圳从事普工或前台的亲戚，就这样凑了12个学员，我的培训班开始了。

每个周末，我都会安排一天时间给大家授课，但是基本上我周末两天都会在培训室，我尽情挥洒着自己的热情和智慧，享受着为人师的快乐，憧憬着美好的前景。与此同时，其中的一位女学生——小李引起了我的关注。

有一次下课后，小李有一些书本上的会计问题需要进一步向我请教，当天没有其他安排，我们便找了一个地方一边吃饭一边说，除了讨论会计问题，我们也谈到了对人生的看法，谈到我创立培训班的初心及对未来的规划，也谈到了我这几年的种种经历，聊到深处，我不禁黯然泪下。我发现，她不仅是一名好学生、好听众，在对自己的工作和生活上也很有规划。

也许是我不寻常的经历和顽强的斗志深深打动了她，她的眼神含情脉脉，而我自从2013年从上一家公司辞职，经历过这些事情之后再未向任何人袒露过我的心声，我是顽强的，也是脆弱的，那一次我毫无掩饰地坦露心迹，现在想想该是多么失态。

那一天我们聊了很多，也聊得很投入。从那以后，我们除了周末上课时会见面，平时每天也都会像朋友一样沟通交流，我可以感受到，我们两颗心越走越近。

就这样，我们的爱情开始了。

但我的这一次创业经历也仅仅维持了三个月便以失败告终，一方面是因为招生人数不够多，不能维持正常的经营；另一方面，我的合伙人大圣一直在外出差，根本没有时间回来帮忙打理（最后倒是回来了，也给大家上了一次课，但那是培训班终止前的最后一课），久而久之，我的身体和精神都疲惫不堪。

就这样，我变卖了培训班所有设备、桌椅、柜子，我们每人还亏损了6000多元。

生活就是这样，我们总是不断地梦想，不断地试错，又不断地爬起来，最后弄得自己遍体鳞伤，于是我们开始明白、开始思考。

虽然再次失败，但我在这个过程中也收获了友情、爱情和合伙人，也进一步认识到自己的不足，沉淀了性情，在平淡的工作之余添加了不一样的味道。

## 【干货】

刚毕业的时候，我曾经供职的一家公司要求每个人写五年职业生涯规划并落实到每一年，并将年度目标分解到每个月。我当时每个月的工资不足2000元，但我对五年后自己的三点规划是：①通过注册会计师的考试；②达到年薪12万元；③做到财务经理。五年之后，当我回头再看的时候，当初这些吹过的"牛皮"竟然出人意料地全部成为现实。

还记得刚毕业那年，在深圳刚刚找到工作，约了同学一起爬莲花山。爬到半山腰的时候眺望山下繁华的深圳，我指着远处对同学说，五年之后，我要在山下有一套属于自己的房子。当我说出这句话的时候，同学大吃一惊，连我自己也不敢相信我会说出这么"狂妄"的话。但五年后再看，虽然没有在莲花山下买房，但也在深圳其他地方买了房，也算基本达成目标。

我们每个财务人都应该及早进行职业规划，给自己树立一些貌似不可能达成的目标，立足未来，不断挑战。在职业生涯规划上，我的经验就是：

① 目标要大胆，挑战不可能；

② 职业规划要规划到未来五年，并分解到每一年，给出具体行动计划以及未达成目标的奖惩措施，每年进行自我评估及修正；

③ 要从薪资提升、岗位提升、学习考证、健康运动、家庭责任等方面进行规划，并对目标进行量化；

④ 在职业发展的不同阶段和个人的不同时期，从高度、深度、宽度、温度四方面找准自己的职业定位；

⑤ 由核算型财务人向管理型、教练型财务人转变，工作之余可以从事一些顾问、讲师方面的角色充实自己的知识，开拓视野。

## 8.3 专一门通百才（财务英语）
## ——圆梦美国，小角色走上国际大舞台

因为美国子公司一直是我在与之对接，只有我对那边的情况比较熟悉，而且我的英语在部门里相对来说还算比较好的，虽然缺少财务信息化方面的经验，但是除了我之外似乎没有更合适的人选。当我们将集团派遣财务人员出差美国子公司协助建立财务信息化工作的通知给到当地行政人事经理（兼财务）时，对方在视频电话中哈哈大笑："好啊好啊，欢迎Robin来美国玩。"

我的天啊，在美方同事的眼里，中方派过去的人员就是过去玩的，大概集团总裁也是这样认为的吧——财务出差美国，能搞什么事？尽是瞎花钱。

我就是要去把工作做好的！我暗暗地和自己较劲。

【案例】

2015年下半年，财务部相继又有重要岗位的同事因为各种原因离职，而经过一段时间的低沉期，我与财务部领导的关系也逐渐得到缓和，凭借快速学习的能力与英语六级的优势，我开始接手几家境外子公司财务对接的工作，其中就包括美国的子公司。

我们在美国有一家销售型子公司，那边有几十人的销售、客服、行政人事团队，负责集团在当地的销售、售后服务业务。美国子公司经过几年发展，已经具备了相当的业务规模，但是子公司的财务管理水平及信息化程度还是相对比较低下，子公司没有专职的财务人员，而是聘请美国当地事务所的会计师专门记账，子公司行政人事经理兼职部分财务报销及付款工作。

每个月，子公司兼职财务人员在自己使用的报销系统中执行相关的财务报销，同时还会记录一本手工账；进销存使用了另外一款美国当地的财务软件。月底的时候，兼职财务人员需要将手工账及系统导出的数据发送给会计师，会计师根据这些账务和数据编制当月财务报表及报税，并向我所在的总

部这边报送每个月的财务报表。

经过对美国子公司近半年财务工作的追踪,我发现当地的会计师也会经常出现记账错误的情形,子公司各项管理等也达不到总部要求。随着业务规模的扩大,美国子公司的财务工作已经开始引起集团审计师的关注,公司领导也对这一情况格外重视。

因此,财务总监向公司总裁请示后,希望可以派遣财务团队去到美国现场解决当地的财务信息化问题。做过财务信息化、参与过ERP上线的同事都清楚,财务信息化是一项非常棘手的工作,不仅是要弄清财务软件的流程关系,还需要梳理和设定这些流程,同时要对以往的数据进行初始化设置,完成后需要对系统进行试运行并验证数据的准确性,这些工作都完成了才可以说基本完成了财务信息化工作。更有挑战性的是,对方使用的财务软件是全英文的!

即便如此,公司在境外出差上有非常严格的规定,总裁批准财务只能派一个人过去开展这项工作;除了这项工作之外,还要对当地进行库存盘点,并与当地的一个财务顾问团队进行沟通;同时,那段时间正好进行集团审计。上述所有事项必须在半个月内完成并回国参与年报编制事宜。

因为美国子公司一直是我在与之对接,只有我对那边的情况比较熟悉,而且我的英语在部门里相对来说还算比较好的,虽然缺少财务信息化方面的经验,但是除了我之外似乎没有更合适的人选。另外一方面,在被冷落的这大半年,我工作上仍然兢兢业业,并没有表现出对立的情绪,人也踏实和"本分"了许多,多次在部门需要的时候挺身而出为部门承担,所以这次出差美国也只能由我来完成。

当我们将集团派遣财务人员出差美国子公司协助建立财务信息化工作的通知给到当地行政人事经理(兼财务)时,对方在视频电话中哈哈大笑:

## 第8章 财务平衡——工作与兼职，做财务原来这么有趣

"好啊好啊，欢迎Robin来美国玩。"

我的天啊，在美方同事的眼里，中国派过去的人员就是过去玩的，大概集团总裁也是这样认为的吧——财务人员出差美国，能办成什么事？尽是瞎花钱。

我就是要去把工作做好的！我暗暗地和自己较劲。

出发美国前，我已经将此行的目的和需求与部门领导及同事多次沟通和确认，将需要准备的各项资料准备齐全，当然还强化了必需的商务英语口语表达能力。

临行前一天，在和我的聊天中，可能为了激励我，财务领导突然说，唉，这一次可能安排得不妥，应该派贺经理去的，她在系统设置和核算上经验比较丰富。

这一番话对我又是一通打击。我也不知道此行结果到底会如何，唯有全力以赴。

我从小到大没有出过国门，去美国之前我一共才坐过两次国内的短途飞机，所以这次去美国我既高兴又紧张，从深圳蛇口码头出发，在这里就可以办理登机和行李托运手续，因为要在旧金山转机，我比较担心的是在哪里可以取到行李，到了香港后我怎么去到香港机场……

因为时差原因，我是上午从香港起飞，经停旧金山后到了圣地亚哥仍然是当天上午，美方的同事Q博士已经在机场门口等我，带我吃过午餐后就把我送到公司宿舍。一路的感受是：美国的天空很蓝，道路极其干净；除了中心区，其他地方很少见到高楼大厦；美国的住宅都是两层的别墅，有车库有花园，车库通向公路，所以很方便。

从第二天开始，我几乎都是在紧张的工作中，美方子公司的销售负责人

L每天都会准时接送我上下班。在美国工作时间很自由,大家每天几乎下午四点就下班,有的人甚至下午三点就下班了。刚开始几天我有些不习惯,往往要找人解决问题的时候,美国的同事已经下班走了,后来渐渐喜欢上了这样的工作时间,这意味着下午上班时间不会像在中国那么长,有一种下午刚坐下没多久就可以下班了的感觉。

从小到大,我是没有什么机会用英语交流的,在美国工作的时候,除了Q博士以及L会说中文外,其他的美国人根本不懂中文,所以我不得不每天和他们用英语交流,有时候感觉很吃力,而坐我对面的又是一个干销售的"话痨",他每天很热情地和我说很多话,用他的话说,我的英语他还是听得懂的。但是在我和仓库人员打交道的时候就比较吃力了,因为涉及很多专业的财务术语和IT系统术语,我往往不能很好地表达,实在无法表达的时候,我只能把Q博士拉过来给我当翻译了,好歹我也拿过英语竞赛全国二等奖,然而英语六级的水平在美国完全不够用。

不过幸亏我准备比较充分,遇到财务问题、IT系统问题就及时和总部取得沟通,前几天的财务信息化项目进展还是蛮顺利的。

## 【干货】

财务是一份专业性很强的职业,给别人传递的是专业、信任、可靠,财务人除了兢兢业业提升专业能力外,如果有一项或几项拿得出手的本领,而又是别人所不具备的话,往往对于职业发展起到锦上添花的作用,有时候甚至是决定性的作用。举例来说,如果你在事务所,你想做到合伙人,那你必须要是沟通交际能力比较强的一个人;如果你想进入外企或者与境外公司打交道,那你需要有一定的英语基础。这些技能都不是天生的,需要我们在工作、生活中刻意培养,拥有了这些技能,我们便拥有了更多的机会。

除了专业外,财务人可以重点培养以下几项"技能"。

① 提升英语水平。现在的公司越来越国际化,会看懂英文财务报表,具备一定的商务英语交流能力是一项重要的技能。干财务不懂英语就实在太落伍了。

② 信息化的能力。所有公司的财务工作都是从信息化开始，除了熟练使用财务ERP外，最好还要学习如何进行ERP初始设置以及如何对ERP进行二次开发以优化流程。

③ 沟通表达能力。与领导尤其是与非财务人员的沟通表达能力，既要展现出自己专业的一面，又要让领导知道你干了什么，干得如何。

④ 业务分析能力。财务工作的唯一价值是为企业创造价值，熟悉业务、分析业务，善于发现公司的问题并提出改进建议的财务人更容易被领导重视。

⑤ 法律法规知识。合同是企业经济行为的基础，能够理解并灵活运用《中华人民共和国公司法》《中华人民共和国合同法》的财务人，更加懂得保护企业自身的权益。

## 8.4 助力财务战略（善用中介）
### ——借助机构力量，助力财务战略规划

此次在美国本土与Dim York团队见面选在美国当地时间上午9：00。刚到8：50，小型会议室已经坐满了人。可以看出，为了能够获得同我公司合作的机会，Dim York派出了自己的精英团队。简单寒暄及交换名片之后，Dim York团队就开始给我们介绍咨询方案及期望达成的效果，对于疑问点我们一一提问并由对方团队解答。

会议从上午9点一直开到下午3点。

【案例】

对于一家国际化公司来说，在境外开展业务需要对当地情况充分了解，而基于公司目前所面临的问题，聘请一个专业的咨询团队开展相关架构与税务咨询，为公司在美国地区的国际化彻底扫清税务和法律障碍是目前的当务之急。同时我们也非常看重服务的质量以及持续的财税法律顾问服务。

此行美国的另外一个重要目的就是要面见当地的一个税务咨询团队Dim York公司。我们前期已经和他们有了初步接洽，对双方情况都有一个基本的了解，Dim York作为世界知名的顾问公司，在税务、内部控制、国际交易筹划等方面具备先进的经验，在当地财税咨询方面享有盛名。除了Dim York，几家国际知名的会计师事务所也受邀参与竞标和报价，在国内的时候我也已经参与过同Deloitte（德勤）、KPMG（毕马威）等团队的洽谈。

此次在美国本土与Dim York团队见面选在美国当地时间上午9：00。刚到8：50，小型会议室已经坐满了人。我和美国子公司主管全盘营运工作的Q博士、美国区销售总监L坐在会议室一侧，Dim York团队的代表一行坐在另一侧，分别是Dim York公司的高级合伙人Amy、税务合伙人

Johnson、助理Brown、内控合伙人Taylor以及税务高级经理Martinez。

可以看出，为了能够获得同我公司合作的机会，Dim York派出了自己的精英团队。会议开始前，我专门了解了一下Dim York公司团队成员的个人简介，每个人都具备美国CPA资格。Amy是一位华人女士，北京大学金融、生物学学士双学位，美国沃顿商学院生物学硕士、哈佛大学金融学博士，具备近20年的顾问经验，主管Dim York公司亚洲区业务；税务高级经理Martinez先生曾经在多家全球500强公司担任要职，进入Dim York公司后为多家知名企业提供服务……

简单寒暄及交换名片之后，Dim York团队就开始给我们介绍咨询方案及期望达成的效果，对于疑问点我们一一提问并由对方团队解答，会议从上午9点一直开到下午3点。总体来说我们还是比较满意的，但是作为进一步接触及执行者，我和Q博士、L都不具备直接决定的权利，我将此次会谈的内容详细进行了记录，并给出了自己的初步评价和判断。

相较于世界知名的Deloitte、KPMG公司，我们之所以愿意与Dim York深入交流并寄予厚望，一方面是因为Dim York的报价更具吸引力，另一方面则是因为Dim York公司的主要业务在美国本土，对当地情况比较了解，以后直接与我们的子公司对接起来会比较方便。

"我司对你们的方案比较感兴趣，Dim York在税务咨询上的丰富经验也是我们所需要的，同时我也关注到你们的报价情况。正如你们所知道的，我们公司目前在美国的业务并不大，我们的咨询业务对你们来说并不复杂，因为我们也同时和其他团队有过接触，所以你们看看在报价上还有没有调整的空间？我们回去后会将这次会面的所有情况向总裁汇报，将由他最后决定。"站在专业的角度来看，我对Dim York的团队是认可的，对Dim York的方案也是认可的，正是从专业的角度来判断，我想知道这是否是最后的报价，便用英语随口一问。

没想到Amy非常爽快地告诉我回去后会发给我们一份更新的报价。我知道，看来让Dim York重新报价是有戏了，后来对方确实也在原有的报价基础上进行了下调。

当天的会面非常成功，Dim York也在会后第一时间为我们更新了方案和报价。我在会后与Q博士整理了当天的会议纪要并发送给集团财务总监，同时我单独将自己对Dim York公司的优缺点分析、评价和判断以及对比Deloitte、KPMG的综合方案、建议也发送给了集团财务领导。没过多久，总裁指示选定Dim York为公司在美国的合作财税顾问。

回到深圳后，我将美国出差的情况整理成一份报告向财务总监和总裁进行了汇报：解决了美国子公司手工账的问题，实现财务信息化并测试完成，上线使用；纠正了之前的记账问题；为当地编制了数项规范性的流程，并进一步规范了当地记账方法；面谈了财务顾问；最后，我们也发现了当地没有全职财务所带来的问题，经过请示，公司后来在当地招聘了专职财务经理并长期稳定下来。

这次美国之行效果非常好！财务领导和总裁都看在眼里。

## 【干货】

作为财务中层管理人员，我们少不了要与各类机构打交道，常见的有银行、审计事务所、税务局、海关、咨询机构等。这些机构有些是给企业和财务人员"找麻烦"的，有些则是可以助力企业的财务战略。特别是当财务遇到自身无法解决的困难时，除了向身边的朋友求助，不要忘记，还有一个途径，就是中介机构。有些事情财务人不一定可以说服公司领导，财务人自己也不一定能够搞定。如果不想整天被领导骂成"无能"，不如花小钱办大事，聘请一个专业的中介机构。财务工作中，如下事项常常可以通过第三方服务性机构来解决：

① 全球税务筹划；

② 架构搭建；

③ 跨国转移定价；

④ 投资并购；

⑤ 评估与估值；

⑥ 业务重组与业务模式安排；

⑦ 审计与内控咨询；

⑧ 内部专项审计；

⑨ 财务信息化实施战略；

⑩ 财务共享中心。

# 第 9 章

## 财务飞跃——一年涨薪三次，五年沉淀终成财务经理

### 9.1 项目管理：做财务经理的事，让财务领导省心——一年涨薪三次，月薪 2 万元

有一次，国际部的人违反作业流程发货，我掌握情况后，发挥自己的笔头功夫，洋洋洒洒地写了1000字的邮件，将国际部负责发货、流程管理的经理、业务员"痛骂"一顿，并将邮件抄送给财务总监、国际总经理、总裁。接着我便受到国际部总监、总经理的质问，责怪我不该将此邮件抄送给高层领导。

【案例】

我从来都不是部分领导眼中的完美员工，用一位财务同行的话说，我是一个优点和缺点都同样突出的人，"做事爱较真""情商低""不会取悦领导""固执""爱出风头"等这些性格标签几乎成了我的专属。

在工作中，我经常就会"忘记"了自己的身份，"不失时机"地向老板提出各种决策建议，譬如定价政

策、组织架构调整、投融资决策、绩效考核、费用管控，有一些建议财务和公司领导没有采纳，也有一些被采纳并在全公司范围推行的。

有一次，国际部的人违反作业流程发货，而此问题之前就曾经出现过。为了杜绝这种情况，从根本上规范流程，起到"敲山震虎"之功效，我掌握情况后，发挥自己的笔头功夫，洋洋洒洒地写了1000字的邮件，将国际部负责发货、流程管理的经理、业务员"痛骂"一顿，并将邮件抄送给财务总监、国际总经理、总裁。接着我便受到国际部总监、总经理的质问，责怪我不该将此邮件抄送给高层领导。但我据理力争，强调该情况不是一次两次了，而且我上次已经在报告中明确说明如有再犯必将向高层反馈，而且我们的出发点是控制风险，在公司快速发展中为公司的长期发展打造坚实基础。情况翔实，证据确凿，国际部的人立即组织整改并按照我的建议调整流程，一个星期后，国际部内部负责此事的一名员工辞职了（我想肯定与此事相关）。不过后来我又委婉地用私人邮件向国际部总监、总经理表达了歉意，表示我直接"告状"的方式欠妥当。这时候国际部的二位领导反而赞许我应该骂，是他们自身工作没有做好；接着二位又邀请我专门给国际部的经理级以上中高层人员提供了两次规范化管理与风险管控方面的培训。

"逻辑性强""做事主动""爱思考""善于解决问题""竞争意识强"这些词也是我的标签。

作为项目秘书，在参与境外咨询项目的过程中，我不只是简单地跟进项目进展，反馈项目结果，更是从整个项目的全局上已经进行了全盘性的把握，项目制度、项目时间节点安排、项目谈判、项目意见决策、会议召集、问题讨论、进展安排等全程由我自己主动地完成。同时我会将关键时间节点以及进展情况及时地向项目组全体和总裁汇报，让财务总监和总裁能够随时掌握项目的最新情况；我也会思考哪些是需要我执行的事务，哪些则需要上级决策。这个项目已经变成我主导、我负责、我跟进、我反馈，而总裁及项目组全体只需要按照我的需求提供协助、决策。虽然这样的项目非常重要而且是第一次做，但是做完之后领导感觉非常愉快，问题了解透彻，而且关键决策都是领导作出（次要决策我已自行决定），项目取得很好的成效，我也被总裁给予了很高的评价——可塑之才。

那一年，由于我所负责的工作皆有突出表现，财务总监三次主动向领导申请给我加薪，这在财务部是绝无仅有的，我的薪资水平也得以大幅提升，顿时个人的财务压力就小了很多。

每个财务人都有自己的长处和短板，很多人爱拿"木桶理论"来说教。"木桶理论"也即"木桶定律"，其核心内容为：一只木桶盛水多少并不取决于桶壁上最高的那块木块，而恰恰取决于桶壁上最短的那块。根据这一内容，可以有两个推论：其一，只有桶壁上的所有木板都足够高，那木桶才能盛满水；其二，只要这个木桶里有一块的高度不够，木桶里的水就不可能是满的。

在一个团队里，决定这个团队战斗力强弱的不是那个能力最强、表现最好的人，而恰恰是那个能力最弱、表现最差的落后者。因为，最短的木板在对最长的木板起着限制和制约作用，决定了这个团队的战斗力，影响了这个团队的综合实力。也就是说，要想方设法让短板子达到长板子的高度或者让所有的板子维持"足够高"的相等高度，才能完全发挥团队作用，充分体现团队精神。

但是这个理论适用于团队建设，却不适用于个人成长。

## 【干货】

对于个人的职业成长，我们应该认识到自己的不足，但是更应该看到自己和别人的长处，善用长处，那样我们才能成长得更快、做得更好。有一个故事，大家应该都听过。西汉时期，刘邦当皇帝后曾在洛阳南宫摆酒宴，招待文武百官。他问百官他与项羽的区别，百官纷纷夸赞他大仁大义。刘邦却说，自己运筹帷幄不如张良，安抚百姓不如萧何，率军打仗不如韩信，但他能合理地使用他们三位能人俊杰，所以能得天下。

我们在财务项目管理过程中，有人善于表扬，就会有人善于批评；有人善于打理人际关系，就会有人善于踏实做事。这都不要紧，最重要的是我们要积极主动地把我们的优势发挥出来，财务主管干财务经理的活，财务经理干财务总监的活，若能如此，何愁老板不给自己升职加薪？为此，作为财务人，我们要谨记：

① 把握每一个项目的机会，超过领导的期望；
② 我们的性格可以是不完美的，但我们应该把重要的工作做到完美；
③ 财务有时候也要做"刺头"，原则面前要敢怒敢言；
④ 和领导沟通要做到不卑不亢，勇于向高层领导表达自己的观点；
⑤ 快速学习；
⑥ 既要团队协作，也要发挥个人优势。

## 9.2 决策支持：从财务管理到运营管理
### ——从幕后走向台前，财务走向管理的必经之路

总裁（CEO）让秘书通知我去一下他办公室，一起去的还有集团COO（注：首席运营官）。我和COO坐下后，CEO先对COO说："这一次的财务分析报告非常好，把公司过去一年和当前所面临的主要问题都讲到了，你也参加了上次的报告解读会，我想你的感触应该也是比较大的。"

CEO紧接着问我："针对公司现状，我现在想要有所改变，第一步就是成立集团运营小组，你觉得接下来我们要怎么做？以什么形式？"

【案例】

时间到了2016年4月份，我向总裁提交了集团上一年度分析报告，提出的很多问题和建议正中领导下怀，报告再次获得总裁的好评；并由我组织了一个分析报告解读会，总裁、副总裁、CFO、各系统负责人等均有参加，由我就报告向大家进行了详细讲解，并接受各个领导和业务部门的质询，会议上现场又衍生出许多新的问题及解决方案，一方面让大家意识到公司目前所面临的严峻形势，另一方面对于明确公司下一步工作方向，推动问题改善给出了计划表。

上述会议后没多久，总裁（CEO）让秘书通知我去一下他办公室，一起去的还有集团COO（注：首席运营官）。我和COO坐下后，CEO先对COO说："这一次的财务分析报告非常好，把公司过去一年和当前所面临的主要问题都讲到了，你也参加了上次的报告解读会，我想你的感触应该也是比较深的。"

CEO紧接着问我："针对公司现状，我现在想要有所改变，第一步就是成立集团运营小组，你觉得接下来我们要怎么做？以什么形式？"

我想了想说，需要销售、供应链的相关人员和我们一起开展这个工作，

然后以定期会议的形式来讨论并解决这些问题。

CEO又问我具体需要哪些人？我就开始点名总裁、副总裁、财务总监以及国际、国内、供应链负责人一干人等，COO当场也颔首赞同。

总裁说，"那你来组织吧。"

我看了看CEO，又看了一眼坐在旁边的COO，我说："您再考虑一下，我担心我位卑言轻，难以服众。"

总裁心领神会，于是我们就成立了以COO为召集人、我为协调人的十人集团运营小组。并经过后续我与COO的共同调研、沟通，将运营小组的运营方式、形式、内容确立下来，在集团范围内定期组织运营报告并会议讨论汇报，起到很好的效果，在指导公司运营工作中迈出群策群力、头脑风暴、规范管理的一大步，规范了集团运营工作，并经常可以在运营会议中作出一些重要的战略决策。当然，每一次准备运营资料、报告也是我需要忙碌和动脑的时候，作为运营报告的主要组织者及运营会议的主讲人，我努力掌握关键数据，与各业务单位就报告提前沟通，分析问题，提出战略性思考；在会议中必须对每一个数据烂熟于心，对领导的提问还需要对答如流；同时还要求我有战略思维、业务思维、跳跃性思维。

## 【干货】

决策是最难作的，而财务需要为领导决策提供支持，这种支持来源于财务详尽的数据、科学的分析报告和独具优势的跨部门整合与协调能力。我们常说财务要了解业务、学习业务，要有业务敏感度，为业务开展提供支持，而了解业务的最好方法就是走进公司经营，由一名在最末端参与业务核算的会计记账员走向业务规划、业务审核与控制的前端和中端。我们想要做到财务经理、财务总监这样的中高层职位，就免不了要更多地与业务和公司领导打交道。作为财务人，必须要跨出自己的"一亩三分地"，由以往的"孤芳自赏"到与公司上下打成一片。

财务应至少在如下几方面的战略决策上提供支持：

① 年度经营计划制订；

② 年度全面预算；

③ 组织变革与流程改进；

④ 绩效考核；

⑤ 信息化建设；

⑥ 公司投融资战略等。

如果普通财务人员能在其中参与一二并展现出个人才华，必将受到领导重用。

## 9.3 积累沉淀：锲而不舍，金石可镂
### ——五年沉淀成财务经理，年薪 30 万元，为梦再出发

我们职业生涯的过程犹如爬山，很多人爬了一次之后再不愿意回头，而我就是那个爬到山顶之后返回地面重新再爬一次的人。这个过程并不美好，要忍受肉体和精神的多重痛苦。我用了四年时间从公司的一名普通的会计人员成长为一名财务经理，我终于走出了职业生涯的最低谷，迎来了一个崭新的今天和明天。

【案例】

为了顺应国际化发展对财务管理的定位和要求，财务部在2017年进行了组织架构调整。由于在财务部卓越的工作绩效，我被任命为集团财务经理，全面主持所负责领域的相关管理工作。

此时距离我来公司已经接近四年时间，四年时间并不是很长，但是却是我的一个人生转折。我用了四年时间从公司的一名普通的会计人员成长为一名财务经理。在经历了职业生涯的前四年从低谷到高峰，又从高峰跌回低谷之后，我又重新进入了攀升周期。这个过程就如同爬一座很高很高的山，很多人爬了一次之后再不愿意回头，而我就是那个爬到山顶之后返回地面重新再爬一次的人。这个过程并不美好，要忍受肉体和精神的多重痛苦，但是当我再次爬到山顶，看到夕阳缓缓落下，回望经历的各种坎坷，所有的付出似乎又都是值得的。

财务经理不是终点，而是事业的又一个新的起点。从选择会计的那一刻起，我们就选择了筚路蓝缕，毕业时稚气未脱的样子记忆犹新，刚开始工作时疯狂加班的情形也仿如昨日，还有那些周末不分昼夜学习考证的经历

也让我印象深刻,当然,还有那一次次的打击、挫折、伤心、彷徨、无助、堕落。

事业终回正轨,我也开始更多地思考和规划我的生活,譬如2017年我接受了某知名网校的邀请,成为其特聘讲师,给学员讲会计实操课程;也会给其他平台讲讲财务课;我自己也会利用微信公众号和会计微课堂,和大家分享一些自己在工作和生活中的感悟。看着自己的"粉丝"和课程一天天增加,还有很多非常有经验的老师愿意和我一起分享,我顿时又有了新的方向和动力。

享受工作带来的快乐,就要承担工作带来的痛苦;我们享受生活带来的快乐,也要承担生活给予的痛苦。我不希望自己过得痛苦,我也不希望自己过得太快乐,因为有一个声音仿佛一只在提醒我——"在一个地方就好好做下去",无论它带给你的是痛苦,还是快乐。

## 【干货】

想要做好任何一件事,都需要不断积累,尤其是财务工作,是一个需要大量经验积累和沉淀方可做好的事业,财务部是公司中承受委屈和指责最多的部门,财务人则是公司背负压力最大的群体之一。而作为站在财务金字塔塔尖的少数,财务经理、财务总监往往都是经过千锤百炼而不死的"火凤凰",他们承受了一般财务人难以忍受的压力,我们应该给予更多的理解和宽容。当然,他们中的大多数,也值得我们所有财务人去学习。此处我给大家的建议就是:

① 给自己制订一个10年内成长为财务经理,10~20年内成长为财务总监的计划,并为之而努力;

② 财务业务学习的过程应循序渐进,欲速则不达,有积累有内核的财务管理人员,才会"货真价实";

③ 对新业务、新事物、新知识的快速学习,是财务人必须做到的根本要求。

# 第 10 章

## 财务日常
## ——将常规的财务工作做出价值

### 10.1 部门架构:千里之行始于足下,财务管理从设置部门架构开始

从我服务过的公司来看,不同公司其财务部的组织架构各不相同,工作方法和人员配置也大不相同,但工作职责大同小异。

(1)负责公司各项财务制度的建立;

(2)会计核算与监督;

(3)预算与财务分析;

(4)税务管理与筹划;

(5)资金管理;

(6)投融资管理;

(7)财务报告与披露;

(8)财务审计;

(9)团队建设。

财务部组织架构的设计也是基于上述职责，如图10-1所示是典型的财务部组织架构。

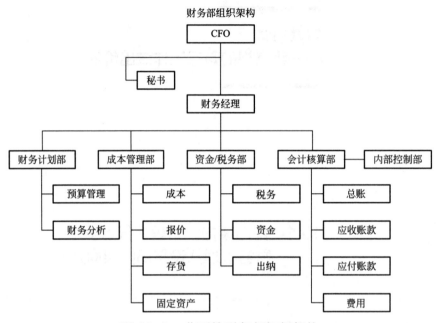

图 10-1　典型的财务部组织架构

财务部往往按照组织职能设置相应的二级部门和岗位，如财务计划部、成本管理部、资金税务部、会计核算部、内部控制部。

再在不同的二级部门下面设置相应的岗位，如预算管理岗、财务分析岗、成本岗、固定资产专员、税务专员、出纳、应收会计、应付会计、总账会计、费用会计等。

财务总监的职责是根据企业的发展战略和年度经营计划，负责企业总体财务规划，领导、监督企业的会计核算、财务管理、资金管理等各项工作，强化公司经济管理，提高经济效益，维护股东权益。

财务经理的职责是全面主持财务部门的各项工作，包括：会计核算、财务管理、资金管理工作，组织协调、指导、监督财务部的日常管理工作，监督执行财务计划，完成企业财务目标。财务经理要接受财务总监的领导，大型公司下面往往配置数个财务经理，各自分管一块。

其他各岗位则根据部门的架构安排承担相应的工作职责。

作为财务人员，我们应该理解自身的工作与组织的价值与定位，结合自身的能力、兴趣选择适合自己的岗位，并清晰地规划自身未来的职业方向。

有的岗位发展空间大，对会计人员素质的要求也会相应更高，如预算岗位，要求对公司的业务模块及财务模块都要非常熟悉，发展方向是预算与分析经理，财务总监。

有的岗位发展空间则比较受限，对会计人员素质的要求也稍低，如固定资产会计，具备财务基础岗位的经验即可担当，如果想要获得更好的职业发展，往往需要再多接触其他的岗位如税务、成本、资金岗位，慢慢地做到总账会计，最后向财务经理、财务总监发展。所以，当我们正处在这些发展空间比较受限的岗位时，应该考虑多一些轮岗的机会，这样我们的职业道路才会越走越宽，而不是一条道走到底。

## 10.2 制度编写：
### 合理设置财务制度，部门财务工作可以有条不紊

"无规矩不成方圆"，对于一个公司来说，制度就是公司的规矩，对于财务部来说，财务制度是部门存续和发展的基础。好的财务制度能够引导公司和部门的健康发展，指引财务人员按照正确的方法做正确的事；好的财务制度应该具有延续性，不因为财务人员的变更而随意变动，也能够随着公司的发展而优化、进步。

财务部通常需要建立如下财务制度：

（1）财务管理制度；

（2）财务授权审批制度；

（3）费用报销制度；

（4）固定资产管理制度；

（5）成本核算制度；

（6）支付审批制度；

（7）预算管理制度；

（8）预算执行实施细则；

（9）合同管理制度；

（10）资金管理制度；

（11）财务报告编制与披露制度；

（12）子公司管理制度；

（13）外汇管理制度；

（14）应收账款管理制度；

（15）采购结算管理制度；

（16）存货盘点制度；

（17）报废管理制度；

（18）内部审计制度等。

除了上述财务制度外，财务部还要根据公司的业务特点，制定符合自身需求的个性化的财务制度，如出入库管理制度、税务申报与筹划制度、信用证管理制度、低值易耗品管理制度、财务分析制度等。

当然，财务部除了制定本部门需求的各项制度、文件，还要参与公司各项制度的建立审核，特别是不属于财务制度范畴但会与财务相关的各类制度文件。如：

（1）与销售相关的信用政策管理制度、销售价格管理制度；

（2）与采购相关的采购作业程序、供应商管理制度、招标管理制度；

（3）与仓储物流相关的成品出入库作业程序、呆滞物料预防及处理程序等。

作为财务人员，我们要会对本岗位及其他岗位的工作进行梳理，学习和掌握财务制度编写的流程、方法，并参与到部门的制度建立之中。

## 10.3 财务内控：
### 内控融于流程环节，掌握并全面梳理财务内部控制

作为财务人员，虽然我们一般不会直接参与公司各项制度、流程的建立工作，但是管理规范的大中型企业会在财务部门下面设置"内控部"，由内控部组织对业务部门建立的内控制度进行审核，甚至会直接建立一些跨部门的制度和流程，如公司报废制度、出入管理制度的建立。这些就决定了财务人员还应该具备内控梳理、评价的能力和内控制度建立的能力。

我们通常从如下几个方面开展企业内控流程的梳理工作：

（1）采购与付款业务；

（2）销售与收款业务；

（3）生产与存货业务；

（4）成本与费用管理；

（5）信息系统管理；

（6）研发管理流程；

（7）业务外包流程；

（8）资产管理流程。

根据不同企业的实际情况，有些公司除了开展如上业务流程的梳理工作外，还会开展财务报告与披露、投融资管理、合同管理、人力资源管理等内控流程的梳理。

在完成如上内控流程的梳理后，下一步就是建立完善的内控制度。我们要首先确定公司是否已经建立了内控制度建立的规范体系，即制度的建立要有统一的组织管理部门，这个组织部门通常可以是内控、内审部门，或组织

内类似的制度管理部门。业务部门每建立一项制度之后，要经过制度管理部门组织制度相关单位进行讨论、修订和定稿，最后将讨论定稿的制度（有所有人员讨论后形成一致意见的签名，会签到制度相关部门的总监等领导）；同时制度要经过公司的文控中心进行格式、内容等审核（需要文控中心建立《内控文件管理作业程序》），最后按照制度的重要性（阶次）提交给公司的制度建立委员会批准（通常是公司总经理、副总经理等人），批准后的制度才可以正式发行。

在完成了内控制度的梳理、建立之后，上市公司还要按照"五部委"（注：财政部、审计署、证监会、银监会、保监会）于2010年4月底发布的《企业内部控制配套指引》及相应的《企业内部控制评价指引》关于内部控制评价原则的规定，开展内部控制评价。内控评价至少遵循下列三个原则。

**1. 全面性原则**

评价工作应当包括内部控制的设计和运行，涵盖企业及其所属单位的各种业务和事项。这说明，企业开展内部控制评价，从制度上看，需要通过规范的评价方法和工具，评价制度的设计和执行；从财务角度看，既要评价财务报告内部控制的有效性，也要评价非财务报告内部控制的有效性；从企业角度考虑，即要评价上市公司本身的内部控制情况，也要评价上市公司控股的分（子）公司的内部控制情况；从业务种类看，内部控制评价要从控制框架的五要素即内部环境、风险评估、控制活动、信息与沟通、内部监督进行，涵盖了《企业内部控制应用指引》的18项指引，而不能仅仅开展其中某几部分的评价。

因此，全面性原则，是内部控制评价原则中具有指导意义的框架性原则。

**2. 重要性原则**

评价工作应当在全面评价的基础上，关注重要业务单位、重大业务事项和高风险领域。重要性原则又反映出内部控制评价工作还应该坚持风险导向原则，即企业要根据自身情况，以风险评估为基础，根据风险发生的可能性和对企业单个和整体控制目标造成的影响程度来确定需要评价的重点业务单元、重要业务领域和流程环节。因此，内部控制不是对所有18项应用指引无差别地评价，而是高风险、重要活动重点评价。评价时要综合考虑成本效益原则，以适当的成本实现科学有效的评价，否则只会劳民伤财。

因此，重要性原则是具体开展评价工作的判断依据，需要深刻理解。

**3. 客观性原则**

评价工作应当准确地揭示经营管理的风险状况，如实反映内部控制设计和运行的有效性。我们开展内部控制评价不能搞形式主义，更不能怕揭示问题，因为自我评价中反映的问题，我们都可以通过内部整改进行消化。刻意隐瞒企业制度、流程、结构上的风险和问题，长远看不只对组织的运行不利，更容易导致外部内控审计出现问题。因此，我们每年一次的内部控制评价，都应该成为一次领导对公司、对业务的"整风运动"，评价的结果关乎公司和部门业绩的好坏，只有这样，内部控制自我评价才能真正引起重视，得到落实。

## 10.4 业财融合：
### 业财融合是趋势，不然财务可能被边缘化

业财融合是最近几年很火的一个概念，所谓业财融合，简单来说就是要将日常的经营业务与财务管理结合到一起，通过对生产经营各个环节的价值分析与管理控制来实现企业价值的最大化。

王国维曾经说过，古今之成大事业、大学问者，必经过三种之境界："昨夜西风凋碧树，独上高楼，望尽天涯路。"此第一境也；"衣带渐宽终不悔，为伊消得人憔悴。"此第二境也；"众里寻他千百度，蓦然回首，那人却在，灯火阑珊处。"此第三境也。

对于大多数公司的财务来说，也存在着三种境界：第一种境界是，业务驱动，财务为辅；第二种境界是，财务驱动，业务优化；第三种境界则为，业财融合，相得益彰。

一个企业最基本的两方面就是业务与财务，华为创始人任正非先生曾在多个场合对业财融合发表过经典言论。

**任正非先生在谈到财务管理的时候曾说过，在华为，财务如果不懂业务，只能提供低价值的会计服务；财务必须要有渴望进步、渴望成长的自我动力；没有项目经营管理经验的财务人员就不可能成长为CFO（注：首席财务官）；称职的CFO应随时可以接任CEO。**

业财融合听起来虽然非常好，但是真正实施起来却并不简单。任正非从三个方面提出了关于业财融合的方向。

首先，财务人员要参与到项目管理中，这样，财务人员在整个业务实施的过程中掌握完整的账务处理周期，避免原来的一个萝卜一个坑，每个人只懂自己岗位上有限的业务知识，不能用全局的思维进行思考。任正

非要求公司包括财务部门实现以功能部门为中心向以项目为中心的运作机制转变。以项目为中心不仅仅是前端项目形式的运作，还包括为项目提供全面支持的管理支撑系统，是一个打通业务前端和后端的完整架构，涉及人、流程、知识和战略等很多方面，也就是业界所称的组织级的项目管理体系。把公司的重心转向以利润为中心的主体建设，而项目和客户是利润中心的基础核算单元，利润中心要以项目利润作为基础决策主体。

其次，财务人员参与经营分析。即我们管理会计中的绩效管理。运用财务数据去分析经营结果，找出实际结果与前期预算之间的差异，并挖掘背后的原因，提出对策。包括划小核算单位，运用利益分配机制，建立经营单位自主经营、自负盈亏、自我激励、自我约束的机制。建立从机会点到回款业务流、集成产品开发流、采购到付款业务流的财经管理。

最后，财务人员要参与业务部门的预算编制。正如前面所说，想要进行精确的经营分析，必须要有合理的前期预算，否则分析将没有任何参考价值。因此，在期初编制预算时，财务人员与业务人员必须不断进行沟通才能制定出务实的预算。而这个预算作为日后绩效分析的参考依据。项目概算、预算、核算、决算（即项目"四算"）是项目经营管理中的关键活动，概算是设计项目利润的过程，预算和核算是管理增收节支的过程，决算是传承经验的过程。项目"四算"的价值在于支撑项目层面的经营管理。

业财融合是财务职业发展的趋势，如果财务不能及时转型，则将面临被边缘化的困境。

## 10.5 全面预算：
## 预算关乎战略，预算的痛即是公司管理之痛

当公司规模不大的时候，财务最主要的任务是完成公司基本的核算、报税和出具报表，做好领导的财务管家，给公司算对账、管好钱。当公司逐渐有了规模，传统的以核算为主的财务管理模式就会逐渐不能适应公司的发展，这个时候就逐渐开始有了各种分析报表，也引入了预算管控。

公司要进行预算管控，两套制度是必需的，即《预算管理制度》和《预算管理执行实施细则》：一套是对预算管理的基本原则、框架、方法、组织、一般流程进行提纲挈领的规定；另一套则是具体实施，一粗一细，构成了全面预算管理的体系。

全面预算，一般要经过预算编制、预算审核、预算平衡与下达几个步骤，如图10-2所示。

一般要进行业务预算、职能预算、收入预算、投资预算。业务预算下面有新产品新技术开发预算；职能预算下面有销售费用预算和管理费用预算；收入预算下面则有收入、成本预算；投资预算下面要对固定资产投资、权益资本投资进行预算。上述预算再加上筹资预算、资金预算，经过汇总和分类就分别形成公司的预计利润表、预计资产负债表、预计现金流量表。

全面预算一般是在上一年的四季度开始启动，并在12月31日前完成预算目标的分解和下达，并在下一年进行月度、季度、年度预算执行情况分析和报告，并考核各部门的预算执行情况。

全面预算关乎公司的战略。从全面预算中，我们往往可以看出公司高层对下一年公司的运营规划和市场预期。例如，在预算启动会上，如果总经理

对下一年的情况比较乐观，他（她）往往会更加重视销售预算而忽视费用预算；如果公司效益不佳，总经理可能会更加重视费用预算，加强对费用的管控力度，而控制投资预算。

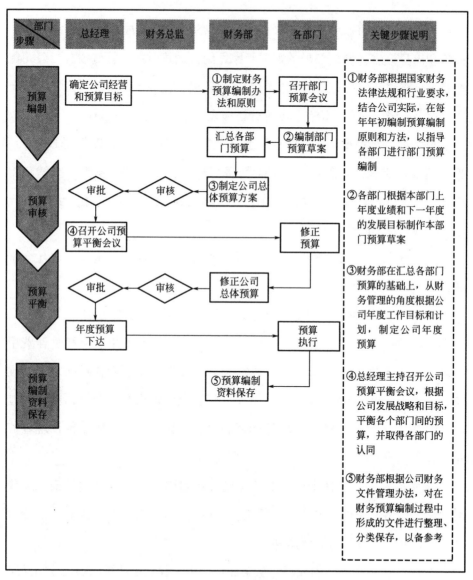

图 10-2　全面预算流程图

要做好预算并不容易,每年预算的时候也是财务和业务部门间扯皮最多的时候,什么费用该不该砍的问题啊,费用计算口径的问题啊,收入毛利率的考核问题啊等,总而言之,但凡遇上预算月,财务别想好好过,与业务掐架,被领导批评自然少不了。预算的痛,谁能懂?

但是凡事有弊自然就有利,做了全面预算,我们会发现自己的视野拓宽了,知道了老板心里的那点"小心思",能够站在运营的角度和宏观的视角审视公司,对公司的未来有了更加科学的预期,当然,在月度、季度、年度预算回顾的时候我们还可以检验自己辛苦的成果是否可信,检验各单位的预算是否准确,好在来年挤水分。

做好了预算,做到财务经理便指日可待。

## 10.6 财务分析：
### 走向经营分析，财务分析可以大有作为

现在我们常常会听到一个概念，说我们的财务分析要向经营分析转型，也有说财务要和业务进行融合，也就是我们常说的业财融合，业财融合的一个很重要途径是什么呢？那就是我们的运营分析会议。

**那到底谁来组织我们的运营分析会议？** 如何组织我们的运营分析会议？在运营分析会议上我们需要有哪些资料？如何来组织编写我们的运营分析报告？在运营分析会议的过程中如何有理、有利、有据地提出我们财务的观点，为领导的决策，为公司的运营管理指明方向呢？这是我们财务要做的一项非常重要的工作。

对于大部分财务人员来说，公司的运营会议其实并不陌生，有的企业会每个月组织一次经营分析会议，其实经营分析会议也可以称为运营会议，还有的单位是一个季度组织一次。那到底应该多久组织一次呢？在这个运营分析会议上我们要讨论哪些内容？要弄清楚这些问题之前，我们首先要进一步地和大家明确一下什么是运营分析会。

在企业里，CEO（首席执行官）的成功其实来源于两个关键人物，第一个公式公司的首席营运官（COO），另外一个就是我们的首席财务官（CFO）。COO和CFO在助力CEO有效管理公司的一项重要工作就是组织月度、季度、半年度、年度的运营分析会议。

运营分析会议的目的一般是对我们前一个季度、月度或者是半年度、年度各个单位的计划目标的达成情况进行分析和考核，发现存在的问题，确保我们的预算目标的实现，同时为我们公司的生产经营管理指明方向，解决问题，同时进行内外部资源的协调，以达成下一季度或者是下半年的

工作业绩。

**通常我们要召集哪些人参加运营会议呢？** 一般来说，公司总经理、副总经理，还有财务负责人，各个系统的负责人参加。各个系统负责人通常指的是供应链负责人、销售负责人等。

既然是运营会议，通常也是有重点的，也并不是说所有系统的负责人都要来参加，既然是运营，那就要跟运营最为紧密相关的人员，所以说我们总经理、副总经理、财务负责人以及供应链、国际、国内负责人要参加，通常就可以了，当然还有一些相关的负责人，譬如研发负责人、人力资源的负责人等也是可以列席的。

**运营分析会议到底是月度开展？还是季度开展？还是半年度开展呢？** 我个人的建议是一个季度开展一次，因为月度的话就太频繁，领导没有那么多时间；而且运营会议组织工作还挺复杂，做运营报告也是一个很挑战的事情，财务部门通常要在下个月初就赶紧把上个月的报告做出来，这个有点不太现实。所以说一个季度组织一次，这样的话可以把运营会议时间开得长一点、领导的讨论可以更充分一点，财务组织编写运营报告的时间也更加充裕一点，所以说我的建议就是一般下一个季度，譬如在10月份的时候，10月15号要把二季度的运营分析相关的报告做出来，并在15~20号左右组织开展运营会议。

**运营会议的议程通常是这样的：** 首先由财务负责人介绍公司上一季度总体目标达成情况以及主要的财务数据，譬如公司总收入、利润达成情况、毛利率，还包括一些其他方面总体的财务收支情况等，同时发现公司的一些主要差距和存在的问题；财务负责人介绍公司总体情况之后，再由销售系统负责人对公司上一季度的销售达成情况以及产品收入、毛利率、市场占有率等方面进行分析，还有部门费用的达成与市场情况等；然后就是供应链负责人也要对上一季度供应链的总体情况进行分析。

当然,每个公司可以根据实际情况增加相应的汇报人员,譬如研发负责人、人力资源负责人。但既然是运营会议,我觉得财务总体介绍之后进行销售、供应链的情况说明就已经可以了。

开运营会议就需要准备相关的讨论素材,我们是以财务组织编写的《季度运营分析报告》(以下简称"分析报告")为基础。"分析报告"通常包括三大部分:第一部分是公司总体情况达成情况;第二部分是公司销售系统分析报告;第三部分是供应链系统的分析报告。财务系统总体方面的报告由财务部完成,供应链的报告由供应链系统自己去完成,销售的报告由销售系统的负责人组织完成。

在运营会议的过程中,总经理、副总经理会对我们的一些财务数据、各个系统领导的数据报告提出一些质询,还会下达一些会议的结果、目标、待解决的事项。对于这些结果、待解决事项,我们作为运营会议的组织人员要做会议纪要,在后续对这些责令解决的事项做追踪并定期反映追踪情况。在下一季度的运营会议上,对上一季度追踪事项的完成情况进行回顾和通报。

**前面说到了运营分析会议是以我们组织编写的《季度运营分析报告》为基础的,那我们的"分析报告"通常包括哪些内容呢?**

一般要包括以下几个部分。第一个部分是KPI(注:key Performance Indicator,即关键绩效指标法)的达成情况,即关键任务的完成情况。第二部分,我们可以放入公司的环境和竞争力分析:对上一季度国内外的一些重大事项,包括和行业相关的一些事项,在环境和竞争力分析里面加以说明。另外,在财务总体表现、公司综合表现这一块,要有公司利润表相关情况的分析,包括收入、毛利率等;如果是外销业务比较多的公司,还要对汇率进行分析,费用达成情况在这里进行分析。在环境及竞争力分析以及财务负责人对公司总体财务情况汇报完毕之后,接着就轮到由国际、国内的负责人对销售系统的运营分析报告进行讲解,还有供应链负责人对上一季度的供应链系统的运营分析报告进行讲解。这是第三部分。

各系统运营分析报告里面的一些指标模型通常是由财务人员会同销售、供应链共同制定,譬如订单情况、收入情况、分区域分产品销售情况、费用情况、人均产出、新产品的研发进度、销售费用、研发费用分析、交期、准时交货率、采购成本节约、库存情况、制造费用分析等,这些都是需要在公司各个系统运营分析报告里面呈现,并根据我们之前已经拟定的一些重要的分析指标进行汇报。在上面所有的情况汇报完毕之后,通常在报告的最后一部分,我们可以加入上一季度重点工作的完成情况回顾以及本季度需要重点追踪的事项。

**有的人可能会问,财务来组织集团的运营会议合适吗?**

我个人的回答是,我觉得是合适的。

**还有人会问:集团运营分析分析会议成功的关键因素是什么?**

我觉得:第一个方面就是要领导支持,要公司总经理来推动;第二个方面就是要由专业的人才来具体做这个事情,财务要有专业的财务分析人员或财务经理来组织编写运营分析报告。季度的报告通常会比较赶,在下一季度月初、月中就要把报告编写出来,还要组织运营会议,所以时间上是有很挑战的,对我们做分析和合并工作的同事来说也是非常有挑战性的。最后,作为报告编写人员、运营会议的组织人员,还需要协调各个系统的负责人。这对我们提高财务沟通能力也是比较重要的。